L'UNION AGRICOLE

D'AFRIQUE.

Le siége de la Société est à Lyon, chez M. Beuque et Soeur, négociants, rue du Commerce, 1.

Toutes les demandes concernant la Société doivent y être adressées

(Affranchir).

LYON.

IMPRIMERIE DE LÉON BOITEL,

QUAI ST-ANTOINE, 36.

L'UNION AGRICOLE

D'AFRIQUE,

NOUVEAU SYSTÈME

DE

COLONISATION DE L'ALGÉRIE.

On viendra peu en Afrique pour se faire métayer;
ce qui peut séduire, c'est d'être propriétaire.
Le Maréchal duc d'ISLY.

LYON.
AU SIÉGE DE LA SOCIÉTÉ, RUE DU COMMERCE, 1,
ET CHEZ LES LIBRAIRES
DORIER, QUAI DES CÉLESTINS.
GIRAUDIER, PLACE LOUIS-LE-GRAND,
AYNÉ, RUE SAINT-DOMINIQUE,
SAVY, PLACE LOUIS-LE-GRAND.

1846.

La France commence à fixer sérieusement sur l'Afrique, ses regards jusqu'ici attirés seulement par le spectacle d'une lutte glorieuse pour nos armes, mais trop souvent stérile. Nous comprenons enfin que, si la guerre doit encore se prolonger contre un ennemi plus facile à vaincre qu'à saisir, il est temps d'alléger le fardeau que fait peser sur nous l'entretien d'une armée nombreuse, en lui donnant pour appui une population agricole et industrielle tirée d'Europe. Coloniser rapidement et sur une vaste échelle les trois provinces de l'Algérie, voilà l'œuvre pivotale de notre époque.

A peine ébauchée en théorie, avortée en pratique presque partout où elle a été tentée, la colonisation doit être établie sur de nouvelles bases. Il faut qu'elle devienne nationale et sociale : nationale, en ajoutant à la gloire et à la force de la France ; sociale, en portant les lumières de la civilisation dans un pays barbare, où elle servira la cause de l'humanité et du progrès. Mais pour conserver ce double caractère, elle doit s'accomplir sans exercer une oppression injuste sur les indigènes. Elle doit, dans certaines limites, respecter l'élément arabe, le considérer comme placé sous sa tutelle, et, au lieu de viser à sa destruction, comme on n'a pas craint de le penser et de le dire, chercher les moyens de l'absorber ou de l'engrener par la fusion des intérêts.

La colonisation doit comporter des garanties non moins sérieuses pour les éléments qu'elle emploie, c'est-à-dire pour le travail et pour le capital. Appelée à se réaliser dans un pays où la propriété n'est pas constituée et où le sol entier est déclaré appartenir à l'état, elle doit avoir pour base essentielle la reconnaissance du droit de tous à la terre, par conséquent, créer des conditions telles que la possession et la jouissance de la plus-value du sol primitif soient assurées à celui qui l'aura réellement créée en fécondant la terre de ses sueurs. Toutefois, si le capital ne doit pas usurper les fruits du travail, il faut aussi avoir égard aux dangers auxquels il s'expose, aux chances de perte qu'il affronte dans un pays où la paix est chancelante, où toutes les transactions civiles et commerciales manquent d'une assiette fixe, et ne reposent ni sur des lois bien interprêtées, ni sur des usages régulièrement établis ; il faut donc lui réserver des avantages proportionnés aux périls qui, à la rigueur, peuvent l'atteindre.

Partis de ces principes aussi conformes à l'équité que sages sous le rapport économique, quelques hommes se sont entendus et ont mis en commun leurs lumières et leurs efforts, dans le but de faire agréer par le gouvernement, et d'appliquer eux-mêmes un mode de colonisation qui fût exempt des inconvénients signalés dans les systèmes suivis jusqu'à présent. Le principe de l'association, leur ayant paru seul capable de remplir les conditions demandées, est devenu la base de la Société qu'ils ont fondée sous le nom d'UNION AGRICOLE D'AFRIQUE. C'est ce principe qu'ils viennent aujourd'hui présenter comme point de ralliement à tous ceux qui, profitant des leçons du passé, voudront s'engager dans une nouvelle voie pour atteindre le but que nous devons poursuivre en Afrique.

Nous ne sommes et ne voulons être ni des spéculateurs cupides, ni des rêveurs d'utopie. Nous avons cherché dans l'accord et la solidarité des intérêts, la conciliation des droits ; dans l'association, la puissance des moyens ; dans la direction unitaire et méthodique, l'économie des ressorts ; dans le ménage sociétaire, la réduction des dépenses de consommation, et, enfin, dans une répartition équitable la source de l'ordre et du bien-être. Notre confiance dans l'efficacité de ces moyens est profonde et sincère, et l'expérience prouvera bientôt, nous n'en doutons pas, la légimité de nos espérances.

Les pages qu'on va lire exposent, d'une manière complète quoique succincte, notre projet et notre système de colonisation. Les commentaires que nous avons intercalés entre les articles de nos statuts en éclaircissent le sens et la portée par des développements suffisants, et font comprendre le mécanisme de la Société, en général, et les fonctions de chacun de ses éléments, en particulier. En second lieu, nous exposons comment il sera procédé à l'application de ce système et la marche qui sera suivie jusqu'à l'entier développement de la colonie.

Nous desirons vivement voir notre idée comprise, et le public accueillir avec faveur un projet, qui a déjà obtenu de nombreuses et d'honorables adhésions, et fixé, d'une manière très particulière, l'attention du gouvernement.

Lyon, 10 juin 1846.

COMMENTAIRES

SUR LES

STATUTS DE LA SOCIÉTÉ

L'UNION AGRICOLE D'AFRIQUE.

———

Par devant Me Pierre-Eugène Duchamp et son collègue, notaires à Lyon, soussignés,

Ont comparu,

1º M. Fleury IMBERT, docteur en médecine, professeur à l'École de Médecine, médecin de l'Hôtel-Dieu, demeurant à Lyon, place de la Charité, 7 ;

2º M. François GRILLET, chevalier de la Légion-d'Honneur, propriétaire et fabricant de châles, demeurant à Lyon, place Croix-Paquet ;

3º M. Eugène DUMORTIER, négociant, demeurant à Lyon, rue des Augustins, 13 ;

4º M. Jean CADY, négociant, demeurant à Lyon, rue de Fargues, 4 ;

5º M. Alphonse MORELLET, avocat à la Cour royale, demeurant à Lyon, place du Petit-Change, 164 ;

6º Mlle Louise-Aimée BEUQUE, demeurant à Lyon, rue du Commerce, 1 ;

7º M. César BERTHOLON, propriétaire, demeurant à Ternay, arrondissement de Vienne (Isère), cejourd'hui à Lyon ;

8º M. Jacques-Maximilien REVERCHON, propriétaire-cultivateur, demeurant à Diémoz, arrondissement de Vienne (Isère), cejourd'hui à Lyon ;

9° M. Félix BEUQUE, négociant, demeurant à Lyon, rue du Commerce, 1 ;

Agissant tant en son nom personnel que comme mandataire de :

1° M. Henri-Joseph GAUTIER, capitaine au 12e régiment d'artillerie, détaché à la direction d'Oran, demeurant à Oran (Afrique française);

2° M. Louis-Joseph-Ferdinand WALSIN-ESTERHAZY, lieutenant-colonel au 2e régiment de spahis, directeur des affaires arabes de la province d'Oran, officier de la Légion d'Honneur, demeurant au dit Oran ;

3° M. Claude-Hélène-Hippolyte RENAUD, capitaine d'artillerie, en garnison à Besançon ;

4° M. Adolphe-Joseph-Barthélemy GRIMES, capitaine d'artillerie à Besançon (Doubs) ;

5° M. Guillaume-Jacques BALLARD, chirurgien en chef des hôpitaux militaires de Besançon et de Bourbonne, chevalier de la Légion-d'Honneur et chevalier de Charles III d'Espagne, demeurant à Besançon ;

6° M. Joseph-Hubert-Edouard ORDINAIRE, docteur en médecine, demeurant à Besançon ;

7° M. Marie-Gabriel LANGLOIS, avocat à la Cour royale de Besançon, demeurant en ladite ville ;

8° M. Charles-Christian TRAUT, agent voyer en chef du département du Doubs, ingénieur civil des mines, demeurant à Besançon ;

9° M. François FACHARD, chevalier de l'Ordre royal de la Légion-d'Honneur, propriétaire et capitaine en retraite, demeurant à Besançon ;

10° M. Pierre TIBLIER, négociant, demeurant à Bérard, commune d'Outrefurens, près St-Etienne (Loire) ;

11° M. Emile-Joseph-Maurice CHEVÉ, docteur en médecine, chevalier de la Légion-d'Honneur, ex-chirurgien de la marine royale, demeurant à Paris, rue St-André-des-Arts, 60.

Fondé de procurations spéciales aux effets ci-après que

les sus-nommés lui ont données aux termes d'actes dont
les brevets originaux dûment légalisés sont demeurés
annexés à la minute de l'acte, après avoir été par lui cer-
tifiés sincères et véritables, signés et paraphés en présence des notaires soussignés,

10° M. François BARRIER, docteur en médecine, chirurgien en chef désigné de l'Hôtel-Dieu, demeurant à Lyon,

Agissant tant en son nom personnel que comme mandataire
de :

1° M. Marie-Etienne-Emmanuel-Bertrand DE CHABRON,
capitaine au 7e bataillon des chasseurs d'Orléans, en garnison
à Besançon ;

2° M. Louis-Antoine-Casimir DE SAINTE-AGATHE, im-
primeur, adjoint du maire de la ville de Besançon, demeurant
en ladite ville ;

3° M. Jean-Henri-Félix RANDON DE GROLIER, lieutenant
de vaisseau, chevalier de la Légion-d'Honneur, demeurant à
Toulon ;

4° M. Eugène-Corentin BÉLÉGUIC, lieutenant de vaisseau,
demeurant à Toulon ;

6° M. Paul Charles PEUREUX DE BOUREULLE, capitaine
d'artillerie attaché à la place d'Avesnes, demeurant en ladite
ville ;

7° M. Eugène DE LESSAN, lieutenant de vaisseau, embarqué sur la frégate l'*Iphigénie*, en rade de Brest ;

8° M. Christophe DUBESSEY DE CONTENSON, enseigne
de vaisseau, embarqué sur la frégate l'*Iphigénie*, en rade de
Brest ;

9° M. Louis-Antoine-Victor BARTHÉLEMY, enseigne de
vaisseau, embarqué sur la frégate l'*Iphigénie*, en rade de Brest ;

10° M. Charles MÉQUET, lieutenant de vaisseau, embarqué sur la frégate l'*Iphigénie*, en rade de Brest ;

11° M. Claude BALLARD, capitaine du génie, demeurant à
Conquet, arrondissement de Brest ;

12° M. Louis-Ferdinand-Eugène LECOAT DE SAINT-
HAOUEN, lieutenant de vaisseau, sur la frégate l'*Iphigénie*, en
rade de Brest.

4

Fondés des procurations spéciales aux effets ci-après que
les sus-nommés lui ont données aux termes d'actes dont
les brevets originaux dûment légalisés sont demeurés
annexés à la minute de l'acte après avoir été par lui cer-
tifiés sincères et véritables, signés et paraphés en présence des notaires soussignés :

> « Tous demandeurs en concession d'un terrain en
> « Algérie, pour y fonder un village et contribuer,
> « par leurs efforts, au progrès de la colonisation de
> « l'Afrique française,
>
> « Lesquels,
>
> « voulant accroître leurs ressources en faisant
> « participer aux avantages de l'exploitation agri-
> « cole et industrielle qu'ils veulent entrepren-
> « dre les personnes capables de concourir par
> « leurs capitaux, leurs lumières ou leur travail au
> « succès d'une association appelée à garantir, d'une
> « manière équitable, les intérêts des travailleurs et
> « ceux des capitalistes, ont arrêté, de la manière
> « suivante, les statuts d'une Société ayant pour but
> « de construire et d'exploiter une commune agricole
> « et industrielle sur un point du territoire de l'Al-
> « gérie, qui sera désigné par le gouvernement fran-
> « çais. «

TITRE PREMIER.

CRÉATION, OBJET, PRINCIPE, DÉNOMINATION, SIÉGE, DURÉE ET
CONSTITUTION LÉGALE DE LA SOCIÉTÉ.

ARTICLE PREMIER. Il y aura entre tous les susnommés et ceux
qui adhéreront aux présents statuts par la souscription d'actions,
une Société civile pour l'exploitation d'un terrain concédé en
Algérie, conformément aux clauses et conditions qui seront imposées par l'État.

La forme de Société civile a été préférée afin d'éviter les retards qu'entraîne ordinairement la constitution

d'une Société anonyme qui exige l'autorisation du gouvernement, et préalablement l'examen du Conseil d'Etat.
La Société civile, une fois l'acte passé, n'est plus soumise
pour sa constitution légale qu'aux conditions stipulées dans
l'article 6. Ce mode était donc acceptable au moins pour
le début; mais, sauf cet avantage, la forme anonyme est
préférable sous tous les rapports, et devra être substituée
le plus tôt possible à la forme civile, ainsi que le veulent
les articles 90 et 91.

Art. 2. La Société sera basée sur l'unité indivisible de la
propriété et sur l'association du capital et du travail ; elle pourra
cependant, selon les besoins et les circonstances, employer des
travailleurs non associés et à salaire fixe.

Dire que la Société sera basée sur l'unité indivisible de
la propriété ce n'est que rappeler le principe consacré par
notre législation pour la constitution de toute Société qui
a un but industriel. Ces mots ne doivent s'entendre que
dans leur sens naturel, celui de l'état d'indivision de la
propriété accepté d'avance par tous ceux qui en seront possesseurs, pour tout le temps que durera l'existence de la Société, mais ils ne doivent en aucune manière éveiller l'idée de la non-disponibilité et de la non-transmissibilité des
titres d'actions qui représentent la propriété indivise.

L'association du capital et du travail existe en quelque
sorte dans toute entreprise industrielle par le fait du concours du capital et du travail à la création d'un produit
quelconque, mais le mode de cette association est très variable, et celui qu'a adopté l'Union Agricole se trouve
clairement défini au chapitre de la répartition. Il ne fallait
en commençant que poser ce principe. D'ailleurs, comme
le mode préféré ne peut pas être exclusif, vu les conditions dans lesquelles se trouve l'Algérie sous le rapport des travailleurs, il convenait d'ajouter que la Société

pourra cependant, selon les besoins et les circonstances, employer des travailleurs non associés et à salaire fixe.

ART. 3. La société existera sous la dénomination de l'*Union agricole d'Afrique.*

ART. 4. Le siége de la Société sera établi d'abord à Lyon ; sa translation dans la colonie aura lieu sur la décision du Conseil d'administration.

Le siége de la Société ne sera conservé à Lyon que pour les premiers temps, jusqu'à ce que le personnel établi dans la colonie permette d'y former le Conseil d'administration.

ART. 5. La durée de la Société sera de quatre-vingt-dix-neuf ans, à partir du jour de sa constitution légale.

La durée de la Société peut être prolongée comme il est dit à l'art. 82.

ART. 6. La Société sera légalement constituée dès que la concession du terrain aura été accordée par le gouvernement, et qu'il y aura pour trois cent mille francs d'actions souscrites.

L'obtention de la concession est indispensable pour la constitution légale de la Société. Quant à la condition d'avoir au moins pour 300,000 fr. d'actions souscrites, l'exposition de la marche à suivre pour l'exécution de l'entreprise montrera que ce *minimum* pourrait à la rigueur suffire.

On peut se demander si l'appel aux capitaux peut être fait avant l'obtention de la concession, ou s'il faut attendre que celle-ci ait eu lieu pour provoquer la souscription des actions. Voici à cet égard la seule marche logique à suivre. La concession n'est pas demandée par la Société mais bien par les trente-trois personnes dont la liste est en tête des statuts, lesquelles, dans cette demande, agissent en leur nom personnel et collectif. La concession doit donc leur être faite directement, à condition qu'elles en feront l'apport, ainsi qu'elles s'y sont engagées par avance, dans une

Société dont elles seront actionnaires. Leur but est d'augmenter, par le moyen d'une large commandite, les ressources destinées à l'exploitation du terrain concédé, mais l'appel sérieux aux capitaux ne peut être basé que sur les conditions dans lesquelles se trouvera l'entreprise par le fait de la concession.

Cette marche prévient tous les inconvénients attachés à une émission d'actions qui, si elle avait lieu avant que l'on puisse connaître la valeur de l'objet mis en action, conduirait à un agiotage aveugle et immoral. Les actions de la Société de l'UNION AGRICOLE ne seront offertes aux capitalistes qu'après que le terrain concédé formera la base matérielle de l'opération. On évitera ainsi l'envahissement dangereux, par la spéculation, d'une entreprise que ses fondateurs ont conçue dans un but d'utilité générale pour la colonisation de l'Algérie, et dans des vues favorables avant tout aux intérêts des travailleurs. Si, contre toute attente, le gouvernement avait exigé que le fonds social fût souscrit avant de faire la concession, c'eût été forcer la Société à subir tous les inconvénients d'un agiotage inévitable, ou bien, ce qui ne serait pas moins grave en définitive, c'eût été exposer la Société à ne pas obtenir le capital qui lui est nécessaire; car les capitalistes sérieux ne deviendront actionnaires que lorsqu'ils connaîtront les chances de l'entreprise à laquelle ils seront conviés à concourir. Toute affaire à tenter en Afrique ne peut, dès le premier abord, inspirer aux capitalistes une confiance complète; il faut que celle-ci puisse être fondée sur les conditions que présentera le terrain concédé sous le rapport de la sécurité, de la salubrité, de la fertilité, des voies de communication et des débouchés ouverts aux produits. Ainsi, de toute manière, l'obtention d'un terrain au profit des demandeurs-concessionnaires, est le point de départ et la base de tout le reste.

TITRE II.

FONDS SOCIAL. — APPORT.

ART. 7. Les concessionnaires apporteront à la Société tou
les droits résultant, à leur profit, de la concession qui leur sera
faite par l'État. Il leur sera alloué en échange le nombre d'actions qui sera déterminé dans l'article 9.

L'apport de la concession, par les concessionnaires,
aura lieu dès que les actions souscrites par eux, jointes à
celles souscrites par d'autres personnes seront au moins au
nombre de 600, et assureront ainsi à la Société 300,000
fr., payables dans un laps de temps qui variera de 3 à
5 ans. Dès ce moment, la Société sera constituée et pourra
entrer en action.

Le principe, contenu dans cet article, d'une allocation
d'actions en échange de l'apport des concessionnaires sera
examiné plus loin.

ART. 8. Le fonds social sera d'un million de francs obtenu
par l'émission successive de deux mille actions de cinq cents
francs chacune.

Après que ces deux mille actions auront été émises, il pourra
en être créé de nouvelles, soit dans le but d'augmenter le fonds
social, soit pour représenter la plus-value de la propriété.

L'émission d'actions nouvelles dans le but d'accroître le fonds
social, ne pourra avoir lieu que sur la décision de l'assemblée
générale des actionnaires.

L'émission d'actions nouvelles pour représenter la plus-value
de la propriété, aura lieu par décision du Conseil d'administration après l'inventaire annuel, dans une proportion telle que la
valeur nominale de toutes les actions créées dans ce but, sera
toujours inférieur au chiffre d'estimation de la plus-value, ainsi
qu'il sera dit à l'article 75.

L'émission ultérieure d'actions nouvelles, dans le but d'augmenter le fonds social, n'est nullement probable. En subordonnant cette émission à la décision de l'assemblée générale on a la garantie que cette mesure ne sera prise qu'autant qu'elle sera conforme aux intérêts généraux. D'ailleurs, en vertu du principe adopté, de représenter la plus-value par des actions, celles-ci devant toujours être maintenues à peu-près au taux de leur valeur nominale. l'émission d'actions nouvelles, dans le but indiqué plus haut, n'aurait aucun des inconvénients attachés à cette mesure dans la plupart des sociétés établies sur des principes de répartition différents de celui de l'Union agricole. Il sera question au titre VIII de la création des actions de plus-value.

Art. 9. Sur les deux mille actions de fondation, il en sera attribué trois à chacun des Concessionnaires, comme valeur représentative de la part de concession dont il fait l'apport à la Société, et à cause des obligations dont les Concessionnaires seraient responsables envers l'État dans le cas où la Société n'aurait pas rempli les charges imposées à la concession.

Mais tous les Concessionnaires, dans une pensée d'intérêt général, renonceront, pendant dix ans, à l'intérêt fixe de ces actions, voulant qu'il soit distribué en primes d'encouragement aux Travailleurs associés par le Conseil d'administration, sur les indications du Directeur.

Il sera encore attribué aux Concessionnaires réunis douze actions dont ils se réservent de déterminer ultérieurement l'emploi dans un but d'intérêt général.

Art. 10. Chaque Concessionnaire s'engage à prendre un certain nombre d'actions dont le *minimum* ne pourra être inférieur à deux, indépendamment, bien entendu, des trois actions auxquelles il a droit comme Concessionnaire.

Nous devons expliquer ici les raisons qui ont motivé les articles précédents.

Les fondateurs ayant adressé la demande en concession

au gouvernement avant la constitution de la Société et la rédaction des statuts, pensaient que la concession leur serait faite personnellement. Dans cette prévision, le principe de l'allocation d'un certain nombre d'actions, comme valeur représentative de l'apport fait à la Société, par chacun des Concessionnaires, de sa part du terrain concédé, ne pouvait pas être évité, à cause des dispositions impérieuses des lois civiles qui régissent les partages, les donations et les Sociétés (v. code civil, art. 815, 910, etc). Cette allocation est, d'ailleurs, de peu de valeur en raison de l'abandon de l'intérêt fixe pendant dix ans, et ne serait au fond qu'une juste compensation des risques auxquels se sont exposés les fondateurs en faisant l'avance des dépenses d'organisation qui atteindront, suivant toute probabilité, le chiffre de cinq à six mille francs.

Si, au contraire, ainsi que nous porte à le croire ce que nous savons des intentions du gouvernement, la concession du terrain est faite à la Société elle-même, et non personnellement aux demandeurs Concessionnaires, ceux-ci n'hésiteront point à renoncer aux faibles avantages que leur réservent les articles 7 et 9 qui devront être modifiés ainsi qu'il suit :

ART. 7. Les fondateurs entreront dans la Société sans se réserver aucun avantage particulier.

Les articles 9, 10 et 13 seront annulés.

TITRE III.

ACTIONS. — ACTIONNAIRES. — TRANSMISSION DES ACTIONS.

ART. 11. Les actions d'une valeur de cinq cents francs chacune seront subdivisibles en coupons d'actions de cent francs et de cinquante francs.

La division des actions en coupons a pour but de permettre l'admission des travailleurs pauvres parmi les actionnaires, afin qu'ils aient un double intérêt, comme capitalistes et comme travailleurs, au succès de l'entreprise.

Art. 12. Chaque action et coupon d'action seront indivisibles.

Art. 13. Les actions attribuées à chacun des concessionnaires porteront une mention constatant leur origine.

Art. 14. Les actions seront représentées par une inscription nominative sur les registres de la Société, et porteront un numéro d'ordre.

Art. 15. Chaque action donnera droit à une part proportionnelle de la concession et de ses produits et bénéfices.

Art. 16. Les actions seront transmissibles par une déclaration de transfert inscrite sur les registres de la Société, signée du cédant et du cessionnaire ou de leurs fondés de pouvoirs. Cette déclaration sera visée par deux Administrateurs.

Art. 17. Les Actionnaires ne pourront faire aucune transmission de leurs droits avant l'expiration des trois mois qui suivront la constitution légale de la Société.

Ces deux derniers articles ont pour but non pas d'empêcher, mais d'entourer la transmission des titres d'actions des conditions les plus propres à prévenir les abus de l'agiotage.

Art. 18. Les actions seront payables, à Lyon, chez le Banquier de la Société, ou dans la colonie, entre les mains du Trésorier.

Art. 19. Les Actionnaires verseront un cinquième de leurs actions dans le mois qui suivra l'ordonnance de concession ; à moins que le Gouvernement n'exige ce versement d'avance, auquel cas celui-ci aura lieu dès que le Conseil d'administration en aura donné avis aux Actionnaires. Les quatre autres cinquièmes seront versés d'année en année, à partir de la même époque ; mais le Conseil d'administration pourra, en cas de nécessité, décider que les époques de paiement seront plus rapprochées, sans que cependant l'intervalle des versements de chaque cinquième puisse être moindre de six mois.

Les intervalles des versements seront calculés d'après

les besoins de l'entreprise et d'après la somme des actions souscrites. Si le capital d'un million est souscrit en entier dès le début, les versements n'auront probablement lieu que d'année en année.

Art. 20. Les titres d'actions ne seront délivrés aux Actionnaires que lors du paiement du dernier cinquième. Jusque-là il ne sera délivré que des récépissés provisoires visés par deux Administrateurs.

Art. 21. Dans le cas où un Actionnaire n'effectuerait pas un versement à l'époque fixée, il sera mis en demeure de l'effectuer dans le mois ; passé lequel délai, il sera déchu de droit de sa qualité d'Actionnaire, et, dans ce cas, les sommes déjà versées par lui demeureront acquises, en principal et accessoire, à la Société, à titre de dommages-intérêts. — Alors il sera créé, en remplacement des actions annulées, de nouvelles actions qui porteront les mêmes numéros et profiteront à la Société jusqu'à ce qu'elles soient placées. Mention du tout sera faite sur les registres.

Art. 22. A l'exception d'une somme de trente mille francs, qui pourra être conservée en caisse pour les dépenses courantes, toutes les sommes reçues en espèces seront déposées chez le Banquier de la Société pour être converties, d'après la décision prise par le Conseil d'administration, en valeurs d'une réalisation facile et portant intérêt.

Art. 23. Les Actionnaires seront divisés en trois catégories, savoir :

1º Celle des *Colonisateurs*, dont la liste sera dressée conformément à ce qui sera dit aux articles 27 et 88 ;

2º Celle des *Colons travailleurs;*

3º Celle des *Commanditaires.*

Cette division n'impliquera de distinction entre les Actionnaires que quant à la faculté de concourir à l'administration.

Art. 24. Les Actionnaires de la première catégorie pourront seuls être nommés aux fonctions de membre du Conseil d'administration.

Art. 25. Le droit de faire partie de l'une des deux premières catégories n'est pas transmissible.

Art. 26. Les Actionnaires d'une catégorie quelconque pourront passer dans une autre, dans des cas déterminés par l'article suivant et par les règlements d'organisation intérieure qui seront ultérieurement arrêtés par le Conseil d'administration.

Art. 27. L'Actionnaire commanditaire qui aura été agréé comme travailleur, passera de la 3e dans la 2e catégorie.

L'Actionnaire de 2e catégorie pourra, sur sa demande, et d'après la décision du Directeur, confirmée par le Conseil d'administration, passer dans la 1re catégorie, s'il a rempli les conditions de capacité, de bonne conduite et de durée de séjour dans la colonie, qui seront fixées par les règlements.

Les travailleurs associés non encore Actionnaires, mais qui le deviendront en participant à la plus-value de la richesse sociale, seront alors placés dans la 2e catégorie, pourvu qu'ils continuent à résider et à travailler dans la colonie ; dans le cas contraire, ils deviendront simples commanditaires.

Tout Actionnaire de 2e catégorie qui cessera, pour un motif quelconque, de résider sur la colonie, sera reporté dans la 3e catégorie.

Il est facile de comprendre le but des dispositions établies par les articles précédents. Les fondateurs de la Société n'ont jamais eu, dans le projet qu'ils ont conçu, des vues exclusives d'intérêt personnel et de nature à consacrer, en faveur du capital, les priviléges exorbitants qu'entraîne l'état actuel de l'industrie, dans tous les pays civilisés, aux dépens des droits sacrés et primordiaux du travail. Déjà l'on connaît les résultats infructueux et les déplorables abus auxquels a donné lieu, en Afrique, la concession de vastes terrains cédés à des capitalistes sans réserve des garanties qu'exigeaient, tout à la fois, les droits des travailleurs et le principe de la colonisation elle-même. S'établir dans un terrain neuf concédé gratuitement ou à peu près, et se réserver, en acceptant le régime du salariat, toute la plus-value d'une propriété dont la plus grande partie est le fruit du travail, voilà ce qui serait inique, et il est juste que l'insuccès ait été en général le résultat de la plupart des tentatives faites dans les vues étroites d'une spéculation individuelle et d'une cupidité coupable. Les fondateurs de l'UNION AGRICOLE n'ont pas voulu que leur œuvre reposât sur le sacrifice des droits et et des intérêts du grand nombre, au bénéfice de quelques capitalistes. Pour garantir le succès qu'ils desirent le plus, celui d'une œuvre équitable dans son principe, et puissante par l'exemple qu'elle peut donner, ils ont dû se réserver la prépondérance dans l'administration. Toutefois, il est bon d'observer que la première catégorie devant, plus tard, se recruter d'après les règlements qui seront adoptés, la prééminence des premiers membres de cette catégorie deviendra de moins en moins exclusive, et élargira sa base par l'adjonction des associés qui auront, tout à la fois, le plus d'intérêts engagés et donné le plus de gages de moralité et de capacité dans les fonctions qu'ils auront remplies comme Colons travailleurs.

Art. 28. La faillite, la déconfiture, le décès, l'incapacité juridique d'un Actionnaire ne pourront amener dans aucun cas la dissolution de la Société, qui ne pourra non plus avoir lieu sur la demande d'un ou de plusieurs Actionnaires que dans le cas prévu par l'art. 81.

Art. 29. La qualité d'Actionnaire emportera de droit élection de domicile au siége même de la Société, pour tout ce qui concernera ses rapports avec ladite Société.

Art. 30. Chaque Actionnaire ne sera engagé et responsable que jusqu'à concurrence du montant intégral des actions dont il sera titulaire. — Les Concessionnaires resteront seulement engagés vis-à-vis du gouvernement français à l'exécution des conditions imposées à la concession.

TITRE IV.

DE L'ADMINISTRATION DE LA SOCIÉTÉ.

ART. 31. L'administration de la Société se composera 1º d'un Conseil d'administration ; 2º d'un Directeur ; 3º d'un Comité de surveillance.

1º *Du Conseil d'administration.*

ART. 32. Le pouvoir supérieur dans la direction universelle des affaires de la Colonie appartiendra au Conseil d'administration.

ART. 33. Le nombre des membres dont le Conseil se composera sera de plus en plus considérable, au fur et à mesure du développement de la Société. Ce nombre sera fixé par l'assemblée générale de chaque année. Dans aucun cas, même au début, le Conseil ne pourra être composé de moins de cinq membres.

ART. 34. Le Conseil exercera ses fonctions au siége même de la Société. — Tant que ce siége sera à Lyon, le Conseil pourra se faire représenter dans la colonie par un ou plusieurs délégués pris dans son sein ou en dehors de lui, et auxquels il donnera les pouvoirs nécessaires, se réservant le droit de les leur retirer à volonté et en toute occasion.

ART. 35. Les attributions générales du Conseil consisteront ;

1º A inspecter le personnel, le matériel, les travaux, et en général toutes les affaires de la Société ;

2º A vérifier en tout temps l'état de la caisse sociale, la comptabilité, et à ordonnancer la recette et le paiement des comptes réglés par le Directeur ;

3º A approuver toute espèce de marchés d'achat ou de vente proposés par le Directeur ;

4º A dresser et arrêter le budget des recettes et des dépenses pour l'année suivante ;

5° A nommer et à révoquer, dans l'intérêt de la Société, le Directeur, le Trésorier, et en général tous les employés ;

6° A faire exécuter les Statuts et à les compléter par toute espèce de règlements qui pourront être nécessaires.

ART. 36. Le Conseil pourra, dans tous les cas où il le jugera utile, convoquer une assemblée générale des Actionnaires.

ART. 37. Le Conseil se réunira aussi souvent qu'il en sera besoin, et au moins une fois du premier au huit de chaque mois. — Il nommera pour l'année son Président, et, pour les cas d'empêchement, un Vice-Président. — Ses décisions seront prises à la majorité des voix, mais ne seront valables qu'autant que les trois cinquièmes des membres au moins seront présents. — En cas de partage, la voix du Président sera prépondérante.

ART. 38. Le Conseil sera élu, dans l'assemblée générale annuelle, par les Actionnaires de la première catégorie seulement, au scrutin secret, à la majorité absolue des voix présentes ou représentées, et renouvelé par tiers environ chaque année. — Les deux premières années, le tiers sortant sera pris au sort ; les années suivantes, sortiront les membres qui auront fonctionné pendant trois années consécutives. — Les membres sortants seront rééligibles.

ART. 39. Les membres du Conseil ne pourront être choisis que parmi les Actionnaires de la première catégorie.

ART. 40. En cas de décès, retraite ou incapacité civile d'un de ses membres, le Conseil pourvoira à son remplacement jusqu'à la prochaine assemblée générale.

ART. 41. Le Conseil s'adjoindra, pour la rédaction de ses délibérations et la tenue des écritures, un Secrétaire général à appointements fixes, et organisera le service des bureaux de l'administration.

2° *Du Directeur.*

ART. 42. Le Directeur sera l'agent exécutif supérieur de la Société, sous la surveillance et avec le concours du Conseil d'administration.

ART. 43. Ses attributions générales consisteront :

1º A exécuter les décisions prises par le Conseil d'administration ;

2º A engager les travailleurs associés ou non associés, et à fixer, sauf l'approbation du Conseil, les conditions auxquelles ils seront agréés ;

3º A réglementer la conduite et l'emploi des travailleurs ;

4º A régler les comptes dont le paiement, pour être exécutoire par le Trésorier, devra, en outre, être ordonnancé par le Conseil ;

5º A préparer les projets d'amélioration ou d'extension des travaux et des propriétés de la Société, les budjets des recettes et des dépenses, les cadres de répartition, les projets de vente, d'achat ou d'emprunt, et, en général, tout ce qui doit être soumis aux délibérations et à l'approbation du Conseil d'administration.

ART. 44. Le Directeur aura la signature sociale dont il ne pourra faire usage que pour les besoins de la Société. Il ne pourra contracter aucun emprunt, ni souscrire aucun billet ni obligation sans l'approbation préalable du Conseil d'administion. — Cette approbation préalable lui sera également nécessaire pour passer tous marchés autres que ceux exigés par les dépenses courantes de consommation et de détail, et pour lesquels le Conseil fixera les limites que le Directeur ne pourra pas franchir.

Tous les engagements et toutes les signatures contraires à ces interdictions seront nuls à l'égard de la Société.

ART. 45. Le Directeur pourra, pour des motifs graves, et avec l'autorisation du Conseil d'administration, prononcer le renvoi d'un colon travailleur hors de la Colonie.

ART. 46. Le Directeur sera nommé par le Conseil d'administration. Il devra fournir un cautionnement ou posséder un certain nombre d'actions qu'il ne pourra aliéner pendant toute la durée de ses fonctions. Le Conseil d'administration fixera la quotité de ce cautionnement ou le nombre des actions que le Directeur devra posséder.

3º *Du Comité de Surveillance.*

Art. 47. Le Comité de surveillance s'assemblera une fois au moins par mois pour examiner la comptabilité, et donner son avis sur les opérations de la Société.

Les observations du Comité, signées par les membres présents, seront consignées sur un registre qui restera entre les mains d'un des membres du Comité ; il en sera pris copie pour être communiquée au Conseil d'administration et au Directeur.

Art. 48. Quand le Comité jugera que la marche de l'administration est contraire aux statuts, aux vues des fondateurs et aux intérêts généraux de la Société, il pourra mettre en demeure le Conseil d'administration de convoquer une assemblée générale des Actionnaires qui statuera contradictoirement d'après les rapports du Comité de surveillance et du Conseil d'administration. — Quinze jours après la mise en demeure, restée infructueuse, le Comité de surveillance convoquera lui-même l'assemblée générale.

Art. 49. Pour que le Comité soit convenablement éclairé dans l'exercice de ses fonctions, le Directeur et le Conseil d'administration devront lui communiquer en temps opportun, outre les comptes-rendus annuels, toutes pièces à l'appui et tous documents de nature à faire exactement connaître la situation de l'entreprise et la marche de l'administration.

Art. 50. Les membres du Comité de surveillance seront élus pour trois ans, et renouvelés par tiers chaque année ; pendant les deux premières années, le sort désignera les membres sortants. Ils pourront être réélus. — Ils seront nommés par les Actionnaires des trois catégories à la majorité absolue des voix présentes ou représentées. — Ils pourront être choisis parmi tous les Actionnaires indistinctement.

L'institution du Comité de surveillance a été basée sur l'utilité d'établir un contrepoids à l'autorité supérieure du Conseil de direction, et de fournir une garantie à tous les

Actionnaires de 2e et 3e catégories, lesquels, n'ayant pas le droit de nommer les membres du Conseil d'administration, pourraient craindre que leurs droits et leurs intérêts ne fussent pas sauvegardés contre tout abus de pouvoir. Le mécanisme, dont le Comité constitue un rouage important et salutaire, paraît d'ailleurs assez régulièrement équilibré dans ses divers ressorts pour que le rôle de ce Comité ne puisse jamais amener d'entrave sérieuse au jeu normal et à l'essor sagement mesuré des mouvements de l'entreprise.

TITRE V.

DU TRÉSORIER.

Art. 51. Le Trésorier tiendra la caisse sociale. Il sera chargé de tous les paiements et de toutes les recettes, mais ne devra les effectuer qu'après que les formalités prescrites par l'art. 35 auront été remplies.

Art. 52. Le Trésorier devra fournir un cautionnement ou posséder un certain nombre d'actions qu'il ne pourra aliéner pendant toute la durée de ses fonctions. Le Conseil d'administration fixera la quotité du cautionnement ou le nombre d'actions que le Trésorier devra posséder.

TITRE VI.

DES ASSEMBLÉES GÉNÉRALES.

Art. 53. Il y aura, tous les ans, un mois environ après l'inventaire, une assemblée générale ordinaire des Actionnaires. La convocation en sera faite par le Conseil d'administration.

Il y aura, en outre, des assemblées générales extraordinaires dans les cas prévus par les statuts. — Ces assemblées seront convoquées au siége de la Société, par le Conseil d'administration ou par le Comité de surveillance.

ART. 54. L'Actionnaire absent pourra se faire représenter à l'assemblée générale par un fondé de pouvoir, pourvu que celui-ci soit Actionnaire et placé dans la même catégorie que l'Actionnaire représenté.

ART. 55. Le nombre de voix de chaque Actionnaire en assemblée générale est proportionnel à la quantité d'actions qu'il possède, conformément au tableau suivant :

```
1 voix par action jusqu'à 4
1   id.   par  3        de   4 à   25
1   id.   par  5        de  25 à   50
1   id.   par 10        de  50 à  100
1   id.   par 20        au-delà de 100.
```

Les porteurs de coupons pourront, en les réunissant, compléter un nombre entier d'actions, et envoyer à l'assemblée générale un nombre égal de votants.

ART. 56. Les Actionnaires des trois catégories auront le droit de voter à l'assemblée générale, sauf l'exception consacrée par l'art. 38. — Les décisions seront prises à la majorité absolue des voix présentes ou représentées, et seront valables quel que soit le nombre des membres présents, sauf les exceptions réservées par les articles 81 et 92. — Au commencement de la séance, l'assemblée nommera son président et son secrétaire. Le président du Conseil d'administration et un ou deux membres du Comité de surveillance formeront le bureau provisoire.

ART. 57. L'assemblée générale entendra : 1° le compte-rendu présenté par le Directeur sur la situation de la Société et sur les résultats obtenus ; 2° le rapport du Conseil d'administration sur la vérification des comptes du Trésorier et sur la gestion du Directeur ; 3° les communications du Comité de surveillance.

Elle approuvera le budget présenté pour l'année suivante. — Elle statuera sur tout projet d'emprunt, sur l'emploi des fonds de réserve, et sur tout ce qui sera d'un intérêt général et majeur pour la Société. — Elle nommera, s'il y a lieu, une

Commission chargée de la vérification détaillée des comptes, des écritures et des travaux de la Société, qui aura le droit de se faire représenter toutes les écritures, tous les titres et pièces qu'elle jugera convenables, et de convoquer une assemblée générale extraordinaire, si elle le croit nécessaire, pour lui faire son rapport. — Enfin, l'assemblée générale procédera à la nomination des membres du Conseil d'administration et du Comité de surveillance, conformément aux articles 38, 39 et 50.

TITRE VII.

DES OUVRIERS ET EMPLOYÉS.

Art. 58. Les Travailleurs, Ouvriers et Employés de toute sorte, seront tous, autant que possible, attachés à l'entreprise en qualité d'associés. — La Société n'admettra des Travailleurs salariés et non associés que dans des cas exceptionnels.

L'engagement des Travailleurs dans l'entreprise aura lieu par le marchandage du prix de journée, lequel, débattu entre le Travailleur et la Société, sera arrêté et fixé par un contrat passé entre les parties. Les engagements seront valables au moins pour un an. Les Travailleurs admis comme salariés seront dans des conditions analogues à celles qui existent partout entre les maîtres et leurs employés. Une fois le salaire acquis par l'accomplissement du travail promis, le salarié n'aura plus rien à prétendre. Quant aux Travailleurs associés, le *minimum* de subsistance qui leur sera garanti sera nécessairement d'une valeur inférieure à celle du salaire des Travailleurs non associés, puisque les premiers auront la chance des bénéfices en revenus et en plus-value. Le *minimum* sera, d'un commun accord, évalué à une somme déterminée, variable suivant l'importance des fonctions de chaque Travailleur, mais dont le chiffre servira de base dans la répartition proportionnelle des bénéfices. A quelque chiffre qu'il soit évalué, le *minimum* consistera toujours au moins dans la fourniture du logement et de la nourriture, qui varieront suivant le chiffre du *minimum* accordé à chaque individu, et d'après une échelle progressive dont le degré inférieur comportera la satisfaction de tous les besoins nécessaires à l'entretien de la vie et de la santé, tandis qu'à l'échelon le plus élevé correspondra un certain luxe ou confort tel que celui auquel aspire en général la classe aisée des sociétés civilisées. Entre les deux extrêmes seront tous les degrés intermédiaires correspondants aux fonctions et emplois compris entre celui de Directeur et celui d'Aide-Travailleur (apprentis, enfants, etc.).

Si l'on ne trouve pas facilement des Travailleurs qui veuillent courir toutes les chances de l'association, il pourra être utile et peut-être même nécessaire, pendant les premières années, et jusqu'à ce que l'exploitation soit en mesure de produire des bénéfices nets chaque année, d'assurer aux Travailleurs un supplément de *minimum* en argent ou en objets de consommation; mais le supplément, qui sera proportionné au chiffre du *minimum* de chacun, ne s'ajoutera pas à ce *minimum* pour devenir la base de la répartition proportionnelle. — Ce supplément de *minimum* n'est autre chose en réalité qu'un bénéfice garanti par le capital au travail, alors même que les opérations de la Société n'auraient pas produit de dividende. — Cette mesure, essentiellement transitionnelle, devra disparaître après que le mécanisme de l'association se sera consolidé par quelques années d'expérience, et aura permis d'équilibrer d'une manière équitable les droits respectifs du travail et du capital.

Une fois le chiffre du *minimum* et, s'il y a lieu, celui du supplément de *minimum* convenus entre le Travailleur et la Société, il sera ouvert au Travailleur un crédit égal à la somme convenue; toutefois les fournitures faites sur ce crédit ne devront jamais mettre la Société à découvert de plus d'un ou deux mois d'avance.

Art. 59. Pour être associés, les Travailleurs devront être actionnaires ou membres d'une famille dont le chef sera lui-même Actionnaire et Travailleur.

Art. 60. Lorsqu'un Travailleur agréé par le Directeur ne pourra pas, à son entrée dans la Société, verser le montant du titre d'action qu'il aura dû souscrire, l'avance pourra lui en être faite. Elle sera portée sur son compte personnel, et remboursée par lui à la fin de l'année, lors de la répartition et du réglement des comptes de chaque associé.

Art. 61. Les Travailleurs non associés n'auront droit qu'au salaire qui leur aura été promis. — Les Travailleurs associés, au contraire, outre un *minimum fixe* de subsistance, auront la chance des bénéfices prévus aux articles 74 et 75.

La Société garantit en tout temps, à chaque Travailleur associé, un travail correspondant au *minimum* de subsistance.

Le Travailleur associé qui voudra se retirer avant la répartition du dividende, ou qui aura été congédié par décision du Directeur avec l'approbation du Conseil d'administration, n'aura droit qu'au *minimum* pour le temps passé dans la colonie. Il perdra le droit de participer aux autres bénéfices.

Quand la Société aura le choix entre les travailleurs, elle devra préférer, toutes choses égales d'ailleurs, ceux qui pourront engager le plus d'argent comme Actionnaires, et augmenter ainsi les ressources du capital.

Il est évident que le *minimum* n'est promis et garanti qu'à celui qui aura rempli l'obligation par lui contractée de se livrer à tel ou tel travail, de remplir telle ou telle fonction, et qui y aura apporté le zèle et l'activité qu'impose un devoir librement accepté. Cette remarque n'est pas inutile pour dissiper l'erreur où l'on pourrait tomber si l'on considérait le *minimum* comme une prime offerte à l'inertie et à la paresse. Dans le mécanisme de l'**UNION AGRICOLE** cela n'est point à craindre, car ce mécanisme n'a pas pour but de résoudre immédiatement le problème du travail attrayant, et de créer les conditions dans lesquelles la reconnaissance du droit au *minimum* d'une manière plus absolue pourrait être adoptée sans danger.

La mesure consacrée par le dernier paragraphe est de toute justice : l'expulsion ne pouvant avoir lieu qu'avec le contrôle du Conseil d'administration, la précipitation ou l'arbitraire dans l'infliction d'une peine grave n'étant point à craindre, et la retraite volontaire du Travailleur étant de nature à nuire à la Société, si elle a lieu avant l'expiration de l'engagement contracté, il est juste que le Travailleur perde ses droits de participer aux bénéfices, puisqu'il ne remplit pas les obligations qu'il a contractées envers la Société.

Art. 62. Les Travailleurs seront appelés successivement par le Directeur dans la proportion des travaux à exécuter.

La marche plus ou moins rapide de l'entreprise et le nombre des colons qui seront appelés chaque année seront nécessairement subordonnés à la somme des capitaux disponibles et à celle des revenus que donnera l'exploitation dès le début. Le plan de la Société à cet égard sera présenté plus loin.

Art. 63. Chaque Travailleur conviendra avec le Directeur, sauf l'approbation du Conseil d'administration, du salaire ou du *minimum* de subsistance qui lui sera alloué selon les divers genres de travaux auxquels il sera employé. — Le Conseil d'administration fixera le traitement du Directeur et du Trésorier. — Le mode et le chiffre de la rétribution à accorder aux membres du Conseil d'administration seront déterminés par l'assemblée générale des Actionnaires.

Le Conseil d'administration devra être rétribué. Les fonctions qu'il est appelé à remplir sont trop importantes pour qu'on puisse songer à les imposer à titre de dévouement, comme cela se pratique dans la plupart des Sociétés actionnaires. Avec une rétribution proportionnée aux services, le Conseil sera tenu à plus de zèle et d'exactitude. Le mode à préférer paraît être celui des jetons de présence.

Art. 64. Chaque Travailleur, Ouvrier, Employé ou Directeur aura un compte ouvert pour son logement, son habillement, sa nourriture, le soin de ses enfants en bas âge, etc.

Chaque femme et chaque enfant au-dessus de sept ans, aura aussi son compte à part.

Art. 65. Les Travailleurs, en cas de maladie, seront traités et soignés dans une infirmerie commune aux frais de la Société. Quant à ceux qui voudront être traités dans leur logement personnel, il ne leur sera fourni, aux frais de la Société, que les visites du médecin et les médicaments.

Art. 66. Une retraite sera garantie par la Société à tout Travailleur devenu infirme à la suite d'une blessure ou d'une maladie résultant de la nature même des travaux auxquels il aura été employé, ainsi qu'au Travailleur affaibli par l'âge qui sera resté au service de la Société pendant un nombre d'années qui sera fixé par les règlements.

Art. 67. Cette retraite sera proportionnée : 1º à l'incapacité plus ou moins absolue de travail ; 2º à l'âge du Travailleur ; 3º à la durée de son service actif dans la Colonie ; 4º à l'importance des services qu'il aura rendus, et à celle des fonctions qu'il remplissait au moment d'obtenir sa retraite.

Art. 68. Les enfants des familles dont le chef habitera la Colonie seront élevés, jusqu'à l'âge de sept ans, aux frais de la Société, quant à ce qui concerne le logement dans les salles communes, telles que crèche, dortoir, salle d'asile, et l'instruction de la première enfance. Les frais de nourriture, d'allaitement non maternel et d'entretien d'habillements, seront portés au compte du chef de famille. — Au-dessus de sept ans, il sera ouvert à chaque enfant un compte personnel comme aux autres Travailleurs. L'excédant de sa dépense sur le produit de son travail sera porté au compte du chef de famille.

Art. 69. Des enfants autres que ceux des familles dont le chef habitera la Colonie pourront y être admis comme pensionnaires, jusqu'à l'âge de sept ans, et comme travailleurs au-dessus de cet âge, à des conditions équivalentes à celles stipulées dans l'article précédent, et qui seront arrêtées de gré à gré entre le Directeur et la personne qui présentera l'enfant.

Les dispositions consacrées par ces articles n'ont pas besoin d'être commentées pour qu'on saisisse tous les avantages qui doivent en résulter pour les Travailleurs et indirectement pour la Société elle-même, dont les intérêts généraux seront d'autant plus garantis que chaque individu aura plus de motifs de lui rester attaché et de la servir avec dévouement.

Art. 70. L'organisation des travaux sera l'objet d'un réglement spécial.

Tous les travaux seront divisés en sept branches principales, savoir : agriculture, fabrication, commerce, administration, travaux domestiques, arts et sciences, éducation. En dehors de ces sept branches sera placé l'ensemble des fonctions relatives à la religion et aux cérémonies du culte.

Dans le plein développement de la Colonie, c'est-à-dire lorsque sa population sera d'environ quinze cents ames, chacune de ces branches du travail aura sa hiérarchie complète, comprenant au premier rang les gérants, puis les sous-gérants, chefs, maîtres, contre-maîtres, ouvriers et aides ou apprentis.

Dans les premières années, les travaux agricoles seront

en dominance avec les travaux domestiques; les travaux de fabrique ne tarderont pas à suivre. Le commerce se développera proportionnellement à l'importance des produits à exporter. Les travaux d'arts et sciences, principalement en construction de bâtiments, de voies de communication, de canaux de dérivation et d'irrigation devront être conduits avec la plus grande activité possible, même dès le début.

TITRE VIII.

CLASSEMENT DE LA PROPRIÉTÉ ET RÉPARTITION DES PRODUITS.

ART. 71. Outre les immeubles, tout le mobilier d'usage commun aux associés résidants, le matériel d'exploitation, le bétail, les valeurs en caisse, le fonds de réserve, etc., seront la propriété collective de tous les Actionnaires.

Le sens de cet article est très clair, mais il est des personnes peu versées dans la connaissance des conditions diverses dans lesquelles peut s'exercer le droit de propriété, qui confondent la propriété collective avec la propriété commune, et pensent que la première crée, comme la seconde, des obstacles aux jouissances de la possession individuelle. Cette opinion repose sur une erreur : la propriété peut être collective sans que le régime de la communauté en soit la conséquence nécessaire. Si nous cherchons un exemple dans la plupart des communautés religieuses, nous verrons que là le capital immobilier et mobilier appartient, en effet, à la Société comme être abstrait et idéal, parce qu'il n'y est point représenté par des titres dont la possession est individuelle ; mais du moment où le mode actionnaire se substitue à la communauté dont nous venons de parler, chaque membre de la Société peut librement conserver ou transmettre les titres qui représentent sa part dans la propriété collective. Ce régime comporte, sous ce point de vue, des avantages incontestables dont on est privé dans celui de la propriété morcelée. Plus de difficultés matérielles, soit pour l'estimation des valeurs, soit pour leur partage en cas de succession venant à plusieurs héritiers, plus de frais de mutation, plus de procès avec toutes leurs conséquences, etc. La propriété collective n'engendre pas, il est vrai, la liberté d'abuser de l'objet possédé ; elle ôte à l'égoïsme cette satisfaction sauvage et étroite qui consiste à se réjouir d'être maître exclusif d'un coin de terre, et à s'en servir au gré de ses caprices. Mais, sans parler de ce qu'il y a d'inique dans un état de choses qui conduit à déposséder une partie de l'humanité de son droit naturel à la terre, il est évident que le régime de la propriété collective permettant à chaque membre de la Société de se considérer comme possesseur partiel du tout, la satisfaction qui résulte de cette situation est autrement large et mieux adaptée aux tendances naturelles de l'homme, qui ne demande qu'à agrandir le cercle de son action, de ses sentiments et de ses droits. D'ailleurs, le régime de la propriété collective ne s'étend pas à toute espèce de choses. Tous les objets d'usage personnel et individuel appartiennent d'une manière exclusive à ceux qui s'en servent. Il est clair que les vêtements, les meubles d'usage particulier appartiennent à chacun des associés et non à tous ; les logements eux-mêmes sont un objet de jouissance purement individuelle. Chaque associé est locataire de la Société, et il jouit de son logement avec autant de latitude que s'il en était propriétaire. Ce serait donc se méprendre absolument que de voir dans le régime de la propriété collective le moindre germe des fausses données du communisme.

Art. 72. Tous les associés participeront aux produits des opérations de la Société dans la proportion de leur concours en capital, travail et intelligence, et auront droit, non seulement au partage du revenu annuel, mais aussi à la plus-value du *fonds industriel primitif.*

Cet article consacre les droits légitimes des trois agents producteurs. La plus-value étant créée non par l'un d'eux exclusivement, mais par tous les trois, elle doit leur appartenir dans la proportion du concours respectif de chacun ; voilà l'équité. Tout régime industriel contraire à ce principe est un régime faux et injuste ; tout le monde le sent, le sait et le proclame. Mais le point où commence la divergence entre les économistes est dans la fixation des rapports numériques de la proportionnalité. Comment apprécier la part respective de chaque agent dans la production ? voilà la difficulté. Ce qui n'est pas douteux, c'est que le salariat est, en général, oppressif pour le travail, et ne lui assure pas, à beaucoup près, la minimité même de ses droits. Ce régime, presque toujours plus favorable au capital, entraîne aussi parfois pour lui des chances de ruine. Le talent n'est guère mieux traité que le travail dans la plupart des circonstances. La difficulté d'appréciation dont nous parlons ne pourra disparaître que par l'application en mode transitoire du principe proclamé dans l'article ci-dessus. C'est une application de ce genre que consacrent les articles 74 et 75 dont il sera question plus loin. La pratique et l'étude résoudront plus tard le problème d'une manière plus intégrale.

Art. 73. Chaque année, à l'époque la plus convenable, il sera procédé à un inventaire général ayant pour but de constater les bénéfices annuels dans chaque branche d'opérations et dans leur ensemble.

Les bénéfices sont de deux sortes : 1º les bénéfices en espèces ; 2º ceux en améliorations.

1º Les bénéfices en espèces, ou qui sont destinés à être prochainement convertis en espèces, consistent dans tous les profits de cultures, fabrications, ventes de denrées et de marchandises, etc. Dans cette classe de bénéfices entrent les avances faites aux Colons en logement, nourriture, vêtements, etc. On y fait figurer pour ordre les avances en argent.

2º Les bénéfices en améliorations consistent dans la plus-value résultant de l'augmentation qu'ont reçue, pendant l'année, le territoire et le matériel primitif ou *fonds industriel primitif* de la colonie, soit en acquisition de terrain, soit en constructions nouvelles, soit en améliorations ou additions aux troupeaux, cultures, plantations, défrichements, machines, meubles, etc.; soit en accroissements de futaie qui ne se coupe qu'à des périodes éloignées.

Pour l'estimation de cette seconde classe de bénéfices, la Société pourra avoir recours à une expertise confiée à des personnes non intéressées dans les opérations de la Colonie.

Il ne se présentera pas, sans doute, de grandes difficultés pour l'appréciation des bénéfices de la première classe. L'inventaire des produits en espèces, ou destinés à être prochainement convertis en espèces, prendra pour base d'évaluation le *prix vénal* des choses vendues ou à vendre, et le *prix de revient* pour les choses consommées ou à consommer par les Colons. Le prix vénal s'établira sur la moyenne courante. Quant au prix de revient des fournitures faites aux Colons par la Société, il sera déterminé d'après le taux du logement, de la table, etc. porté au *minimum* qui aura été accepté par chaque Travailleur, lors du contrat passé entre lui et la Société. Si le *prix de revient* était difficile à établir, on prendrait le *prix vénal* réduit.

L'inventaire des bénéfices de seconde classe offrira quelques difficultés, surtout en ce qui concerne les cultures arborescentes et la valeur surajoutée au sol par les travaux d'ameublissement, d'engraissement, de nivellement, d'irrigation, etc. Le matériel d'exploitation, à cause de l'usure ; le bétail, en raison de l'âge ; les bâtiments, en raison de leur ancienneté ou de leur détérioration accidentelle, ne pourront aussi être estimés que d'une manière approximative. Néanmoins, les causes d'erreur se balanceront souvent et s'annihileront les unes par les autres. Si l'on prend en considération : 1° le revenu annuel ; 2° le capital immobilisé ; 3° l'inventaire de toute la propriété portée à sa valeur brute présumée, on aura peu de chances de commettre une méprise importante. D'ailleurs, il ne résultera d'une erreur, à moins qu'elle ne soit très considérable, aucune lésion grave pour les associés capitalistes ou travailleurs. La prudence commandera, dans tous les cas, des évaluations au *minimum* et non pas au *maximum*, et la clause stipulée à l'art. 75 pour la création des actions représentant la plus-value fournit à cet égard une garantie suffisante.

Enfin, l'expertise sera confiée à des tiers toutes les fois que l'administration aura besoin d'entourer ses opinions d'une autorité désintéressée.

Art. 74. Sur les bénéfices de la première classe, il sera prélevé dans l'ordre suivant : 1° la somme nécessaire pour couvrir les dépenses générales ; 2° s'il y a lieu, l'intérêt fixe des actions émises ; 3° s'il y a lieu, la somme destinée à former le fonds de réserve.

1° Les *dépenses générales* comprennent : les contributions, redevances et charges imposées par l'État ; les intérêts dus en cas d'emprunt contracté par la Société ; le remboursement ou l'amortissement de toute dette sociale ; les achats extérieurs et enfin le *minimum* de subsistance, garanti aux Travailleurs associés, ainsi que le salaire assuré aux Travailleurs non associés.

En cas d'insuffisance du rendement, les dépenses générales seront couvertes par les fonds provenant du versement des actions ou par ceux de la réserve.

2° L'*intérêt fixe* des actions émises sera de cinq pour cent.

Si l'excédant des bénéfices, par rapport aux dépenses géné-rales, est insuffisant pour servir l'intérêt fixe, il sera tenu compte au crédit de chaque actionnaire des parties de cet inté-rêt qui n'auraient pas été payées. Ce crédit sera prélevé ulté-rieurement et avant toute répartition de bénéfices, sur l'excé-dant des recettes par rapport aux dépenses générales. Seulement ces intérêts arriérés ne produiront point d'intérêt.

3° Le *prélèvement pour le fonds de réserve* sera fait confor-mément à l'article 78.

Après ces trois prélèvements, le reste du revenu formera les *bénéfices nets de répartition proportionnelle.* Ces bénéfices nets seront partagés entre les associés *au marc le franc* des sommes perçues par chacun d'eux, soit à titre de *minimum* par les Travailleurs associés, soit à titre d'*intérêt fixe* par les ac-tionnaires.

Le premier paragraphe consacre le droit de vivre avant tout autre, soit pour la Société considérée comme être collectif, soit pour les individus qui en sont membres. En effet, les dépenses faites par la Société sont couvertes avant toute rétribution à faire aux individus, c'est ainsi que ce qui est dû par la Société à des tiers a le pas sur tout le reste. Cependant comme la Société ne peut vivre sans le travail, elle doit comprendre dans ses dépenses géné-rales le *minimum* des travailleurs.

Malgré une distinction apparente dans la forme, la So-ciété comprend aussi en réalité, parmi ses dépenses géné-rales, le *minimum* du capital, sans lequel elle ne serait point née. Toutefois, le droit du capital, qui n'est que le droit de posséder et de jouir, est évidemment primé par le droit de vivre qui appartient au travail et qui doit être garanti le premier. Mais il est juste que la seconde garantie soit donnée au droit du capital avant toute répartition de dividende, c'est ce que consacre le 2ᵉ paragraphe. L'intérêt fixe est porté à cinq pour cent pour deux raisons. En France où la propriété immobilière et surtout la propriété agricole rend rarement plus de trois à quatre pour cent, et, où le taux légal de l'intérêt est de cinq pour cent, il eût été juste de ne pas porter l'intérêt fixe à plus de quatre pour cent. Mais, en Afrique, où le taux légal est de dix pour cent, il faut évidemment élever un peu le taux de l'intérêt du capital engagé dans l'entreprise, afin de l'y attirer. En second lieu, comme le capital garantit le *minimum* du travail, il est juste qu'un intérêt plus élevé lui soit garanti avant que le travail participe aux dividendes.

Le prélèvement pour le fonds de réserve, outre le but qui lui est assigné par l'article 77, a encore pour résultat de fournir au travail et au capital un moyen équitable de se garantir l'un par l'autre. En effet, en cas d'insuffisance du rendement, la réserve doit couvrir les dépenses générales comprenant le *minimum* du travail. Donc le capital garantit le travail. Mais, d'autre part, comme le prélèvement a lieu avant la répartition des dividendes, la plus forte part se trouve prélevée sur le lot du travail, et, transformée en capital, elle devient une garantie en cas d'insuffisance du rendement non seulement pour le service des dépenses générales, mais aussi pour celui de l'intérêt fixe du capital. C'est ce qui résulte de l'article 80, où il est dit que les intérêts du fonds de réserve seront versés dans la caisse sociale et figureront au chapitre général des recettes.

La répartition des dividendes entre tous les associés doit être éminemment avantageuse aux travailleurs; car il est certain que le chiffre du *minimum* annuel du travail sera trois ou quatre fois plus élevé que celui de l'intérêt fixe du capital, par conséquent la part du travail dans la répartition des dividendes sera de beaucoup supérieure à celle du capital. Il n'y a rien là, d'ailleurs, que de très juste, car le capital étant par lui-même improductif, c'est au travail qu'il doit sa faculté de concourir à la production, et par conséquent sa participation aux bénéfices doit être proportionnée à l'importance secondaire de son rôle. Il est difficile toutefois d'apprécier d'avance rigoureusement la portée de cette formule de proportionnalité, et il est possible qu'après quelques années d'expérience la révision de ce paragraphe et des principes de répartition en général soit nécessaire. Seulement il est permis d'espérer qu'en vertu de la solidarité étroite, dans laquelle auront vécu le travail et le capital, l'intérêt direct de chacun de ces deux agents sera de rechercher et d'adopter la proportion la plus équitable.

Art. 75. Si l'inventaire constate une augmentation du fonds industriel primitif, il sera émis des actions, suivant le principe établi par l'article 8, pour une valeur nominative égale aux quatre cinquièmes de cette augmentation. Ces actions, dont un certain nombre sera, au besoin, divisé en coupons, seront vendues aux enchères, action par action, coupon par coupon, et le prix de la vente sera partagé entre les associés au *marc le franc* des sommes perçues par chacun d'eux, soit à titre de *minimum* par les Travailleurs, soit à titre d'*intérêt fixe* par les Actionnaires.

Si, au contraire, l'inventaire constate une diminution sur certaines parties du fonds industriel primitif, comme sur les bois après les coupes, il en résultera pour les actions émises une dépréciation à laquelle il pourra être obvié, si le Conseil d'administration le juge nécessaire, en prélevant sur la masse des bénéfices en argent une somme égale à cette diminution. Cette somme restera en caisse pour être employée, soit en augmentation à faire au fonds industriel primitif, soit en rachat d'actions. — Néanmoins, ce prélèvement n'aura lieu qu'après celui des dépenses générales et l'intérêt fixe indiqué à l'article 74.

L'émission d'actions nouvelles pour représenter la plus-

value, devient indispensable, du moment où cette plus-
value est reconnue appartenir en partie au travail, en
partie au capital. Si elle devait être absorbée toute entière
par celui-ci au détriment de celui-là, cette création serait
inutile, parce que les actions pourraient monter au dessus de
leur valeur nominative; et leur valeur réelle se détermine-
rait comme celle de toutes les actions industrielles, par le
taux auquel elles se négocieraient. Dans cette circons-
tance les hausses et baisses factices deviendraient plus faciles, et l'agiotage pourrait s'emparer d'une entreprise
dont on ne saurait l'écarter avec trop de soin. Au contraire, l'émission d'actions représentatives de la plus-value, ramènera toujours les titres antérieurs à leur valeur
nominative, à peu de chose près, et comme il est dit que
cette émission ne surpassera pas la valeur des quatre cinquièmes de la plus-value, les actions seront en réalité un
peu élevées au dessus de leur valeur nominative, condition
préférable à une condition contraire.

Quant à la vente aux enchères, elle a pour but de garantir aux intéressés le surplus de bénéfice qui pourrait résulter de la surenchère offerte aux capitalistes attirés par la
perspective d'un placement avantageux. D'ailleurs, les actions ne seront jamais vendues au dessous de leur valeur
nominative, et, à défaut de surenchère, elles seraient déli-
vrées aux associés proportionnellement à leur part de
dividende, sauf à régler en argent les appoints qui dé-
passeraient un nombre rond d'actions ou de coupons
d'actions ; quand, par exemple, l'appoint dû à l'associé,
dépasserait 25 fr., celui-ci ajouterait la somme nécessaire pour atteindre un coupon de 50 f. ; si, au contraire,
l'appoint était moindre de 25 fr., il serait donné en
argent à l'associé.

Le fonds industriel primitif doit s'entendre, non pas
seulement du capital-argent qui aura été versé en échange

des actions souscrites au début, et qui doit s'appeler capital
de fondation ; mais du capital dont la valeur aura été déterminée dans l'inventaire de l'année précédente. Si ,
par exemple, il y a eu un million versé dans l'entreprise
par les capitalistes, et qu'au bout de deux ans la propriété collective soit évaluée à un million, on dira que le
fonds industriel primitif vaut un million. Si, à la fin de
la troisième année, l'inventaire établit une plus-value de
500,000 fr., il sera émis des actions pour 500,000 fr.,
et l'on dira que le fonds industriel vaut 1,500,000 fr. Si, à
la fin de la quatrième année, la propriété collective est évaluée à deux millions, il y aura une plus-value de 500,000
fr. sur le fonds industriel de l'année précédente qui avait
été porté à 1,500,000 fr., et il y aura lieu d'émettre pour
500,000 fr. d'actions. Ainsi la plus-value s'entendra toujours de l'augmentation de valeur de la propriété eu égard
au chiffre établi par le dernier inventaire.

La diminution du fonds industriel primitif pourra être en
grande partie prévenue par un bon aménagement des produits qui ne se récoltent qu'à des intervalles éloignés. C'est
ainsi, par exemple, qu'une forêt soumise à des coupes régu-
lières chaque année, peut conserver à très peu de chose près
une valeur toujours égale. Des causes extraordinaires, telles
qu'un sinistre ou des changements graves dans les conditions
politiques ou commerciales d'une localité peuvent aussi
opérer une diminution de la richesse sociale. Dans tous les
cas, il en résulte une dépréciation uniforme pour toutes les
actions et le dommage qu'en éprouve chaque associé est
exactement proportionnel à sa part de propriété. D'ailleurs,
comme il est établi plus haut que les actions représentatives de la plus-value ne devront être émises que pour une
valeur nominative, égale aux quatre cinquièmes de cette
plus-value, les actions devront toujours rester au dessus

du pair; il faudrait une dépréciation bien considérable pour les faire descendre accidentellement au dessous.

Art. 76. Les intérêts et les dividendes seront payés en Afrique, au lieu même de la colonie ou à Lyon, au choix des actionnaires qui devront faire connaître leur option au moins un mois d'avance.

TITRE IX.

FONDS DE RÉSERVE.

Art. 77. Il sera créé un fonds de réserve destiné à subvenir aux dépenses extraordinaires nécessitées par un sinistre ou par l'insuffisance du rendement dans le cas prévu par l'article 74. — Ce fonds ne pourra être employé en partie ou en totalité que d'après une décision prise par l'Assemblée générale des Actionnaires.

Art. 78. Pour former le fonds de réserve, il sera prélevé chaque année sur les bénéfices de première classe, après le prélèvement des dépenses générales, et celui de l'intérêt fixe, comme il est dit à l'article 74, une somme dont la quotité sera fixée par le Conseil d'administration, mais qui, autant que possible, ne sera pas au-dessous de dix pour cent de la somme sur laquelle la retenue sera opérée. Cette retenue pourra être moindre ou même nulle lorsque le fonds de réserve aura atteint le chiffre de cinq cent mille francs.

Art. 79. Les fonds de réserve seront placés en rentes sur l'État.

Art 80. Les intérêts du fonds de réserve seront versés dans la caisse sociale et figureront au chapitre général des recettes.

Nous avons déja fait entendre que le versement des intérêts du fonds de réserve dans la caisse sociale pour figurer au chapitre général des recettes annuelles fournissait un moyen indirect de garantie du travail par le capital et réciproquement. Si, après un nouvel examen des conditions dans lesquelles l'entreprise aura été placée par l'acte de concession, les chances de gain ne paraissaient pas suffisamment assurées pour compenser les chances de perte, il pourrait devenir utile de stipuler une garantie spéciale pour le capital de fondation. On y parviendrait aisément en affectant les intérêts du fonds de réserve, ou le fonds de réserve lui-même au service de l'intérêt fixe du capital de fondation en cas d'insuffisance du rendement.

TITRE X.

DISSOLUTION DE LA SOCIÉTÉ. — ARBITRAGE.

Art. 81. L'Assemblée générale pourra, sur la proposition du Conseil d'administration ou du Comité de surveillance, et en cas de perte des trois quarts du fonds social, prononcer la dissolution de la Société. Cette dissolution ne pourra être prononcée qu'à la majorité absolue des voix représentant toutes les actions émises.

Art. 82. Dans le courant de la 98e année, les actionnaires seront convoqués extraordinairement, à l'effet de délibérer sur le renouvellement de la Société, pour une seconde période dont ils fixeront la durée.

La décision sera prise à la majorité absolue des voix présentes ou représentées.

Dans le cas où la majorité optera pour la dissolution, la liquidation sera faite comme il est dit en l'article suivant.

Art. 83. A l'expiration de la Société ou en cas de dissolution, la liquidation sera faite par le Directeur et un membre du Conseil d'administration assistés du Comité de surveillance, ou par deux arbitres nommés, l'un par le Conseil d'administration, l'autre par le Comité de surveillance.

Art. 84. En cas de contestation entre les membres de la Société, ou entre celle-ci et les Actionnaires, soit pendant sa durée, soit à son expiration, soit à cause de la liquidation, il sera statué par un tribunal arbitral composé de deux membres nommés par les parties ou par M le Président du tribunal civil dans le ressort duquel se trouvera le Siége de la Société, à la requête de la partie la plus diligente. En cas de partage, les arbitres dont il est question dans cet article et en l'article 83, choisiront un tiers arbitre. — Ce tribunal arbitral, ainsi composé, prononcera comme amiable compositeur, en dernier ressort, sans appel, recours en cassation, ni requête civile.

TITRE XI.

DISPOSITIONS TRANSITOIRES ET SUPPLÉMENTAIRES.

Art. 85. Le Conseil d'administration se compose dès aujourd'hui de MM. Imbert, Morellet, Beuque, Bertholon, Dumortier, Barrier et Cady.

Le tiers des membres du Conseil sera soumis à la réélection dans la première assemblée générale.

Art. 86. M. H. Gautier est Directeur.

Art. 87. Le Comité de surveillance sera nommé par la première assemblée générale.

Art 88. La liste des actionnaires colonisateurs agréés au début de l'entreprise sera dressée par le Conseil d'administration et portée à la connaissance de tous les Actionnaires avant la première assemblée générale.

Art. 89. La première assemblée générale aura lieu avant le versement du second cinquième des actions émises.

Art. 90. La Société demandera l'autorisation de se transformer en Société anonyme, aussitôt après la concession du terrain obtenu. En attendant cette autorisation, elle existera sous la forme qu'elle se donne par le présent acte.

Art. 91. Tous les pouvoirs nécessaires sont donnés au Conseil d'administration par les comparants ès noms et qualités qu'ils agissent, à l'effet de convertir la présente Société en Société anonyme, aussitôt après l'obtention de la concession ;

A cet effet, rédiger d'après les bases indiquées ci-dessus, l'acte constitutif de ladite Société, introduire toutes modifications qu'il jugera nécessaires ;

Demander l'approbation de cette Société anonyme par ordonnance royale ;

Le tout sans qu'il soit besoin de faire intervenir les Actionnaires, dont le Conseil d'administration sera pour tout ce que dessus, mandataire de droit.

La transformation de la Société civile en Société anonyme a pour but de garantir les actionnaires contre toute autre chance que celle de la perte des fonds engagés.

Avec la forme civile, tous ceux qui prendraient directement ou indirectement part à la gestion de l'entreprise auraient, le cas échéant, une part de responsabilité à supporter. Au contraire, dans la forme anonyme, les agents de la Société, c'est-à-dire le Directeur et les Administrateurs seront seuls responsables de leurs actes.

Il sera facile aussi de profiter de cette transformation pour faire aux statuts les modifications jugées indispensables.

Art. 92. Hors le cas indiqué dans l'article précédent, les statuts ne pourront être modifiés que sur la proposition du Conseil d'administration ou du Comité de surveillance, par l'assemblée générale des Actionnaires, à la majorité absolue des voix représentant toutes les actions émises.

SYSTÈME DE COLONISATION

DE

L'UNION AGRICOLE D'AFRIQUE.

RÉSULTAT DES SYSTÈMES TENTÉS JUSQU'A CE JOUR.

Nous ne nous livrerons ici à aucune considération his-
torique et critique sur les divers systèmes de colonisation
qui ont été employés dans l'antiquité ou dans les temps
modernes. Nous nous abstiendrons aussi d'examiner les
projets qui ont été proposés jusqu'à ce jour pour l'Algérie. Ceux qui ont lu les écrits publiés sur ce sujet ne
gagneraient rien à les voir reproduits ici d'une manière
sommaire, et il suffit de rappeler aux personnes qui n'en
ont pas connaissance que jusqu'ici ces divers projets ont
été, les uns inappliqués ou jugés inapplicables, les autres
appliqués avec peu ou point de succès. La colonisation
militaire, quoique propre à inspirer la plus grande
confiance, à cause de la puissance des moyens qu'elle
comporte, de la sécurité qu'elle garantit aux individus,
exige des dépenses énormes devant lesquelles le gouvernement reculera sans doute longtemps encore, pour ne

pas dire toujours. L'essai partiel qui en a été fait, sous les auspices du Maréchal Duc d'Isly, après avoir donné quelques espérances, n'a pas eu le succès définitif qu'on en attendait. Les deux villages d'Aïn-Fouka et de Béni-Méred, où cette tentative a eu lieu, n'ont pu éviter une espèce de désorganisation, dès le lendemain du jour où les colons militaires ayant obtenu leurs congés définitifs ont pu rompre tous les liens d'ordre et d'unité que la discipline avait jusqu'alors maintenus entre eux. D'autre part, les villages fondés sous la direction de l'Administration civile n'ont pas mieux réussi, ainsi que l'établit l'abbé Landmann dans les lignes suivantes : « Je les ai visités tous l'automne dernier, et quelques uns même à plusieurs reprises ; je suis entré chez un grand nombre de colons, chez les administrateurs comme chez les administrés ; je me suis informé minutieusement de leur position actuelle et de leur espoir pour l'avenir, et je n'ai trouvé presque partout que découragement et une misère profonde. Beaucoup d'hommes, de femmes et d'enfants, qui étaient arrivés de France forts et robustes, il y avait à peine un an, se trouvaient déjà flétris et ruinés par les maladies ; bien peu de familles pouvaient se féliciter de n'avoir pas encore perdu quelqu'un des leurs. L'autorité avait mis à la disposition des malades civils quelques salles dans les hopitaux militaires de Douéra, de Koléah, de Blida et de Bouffarik ; mais la plupart aimèrent mieux rester chez eux que de se séparer de leur famille, et ceux qui entraient dans les hôpitaux, ne le faisaient qu'à la dernière extrémité et quand il était trop tard. Dans plusieurs villages comme à Douaouda, à Cressia, à St-Charles, etc., j'ai trouvé des familles entières alitées, sans médicaments, et sans autre nourriture que quelques pommes de terre qu'ils mangeaient froides ! Quand je leur demandais pourquoi ils n'entraient pas à l'hôpital de leur district, les uns me répondaient qu'ils ne le pouvaient pas, qu'ils en étaient trop éloignés ; d'autres qu'ils y mourraient aussi bien que chez eux , qu'ils n'attendaient plus que la mort. » Nous tenons d'un témoin oculaire qui a vérifié le récit de l'abbé Landmann, qu'à tant de souffrances se joignait souvent la pensée triste et amère pour ces malheureux colons de se voir, à leur dernière heure et pour leur sépulture, privés des consolations et des prières de la religion.

Si les secours et la direction de l'Administration n'ont pu prévenir ces tristes résultats, les efforts de la spéculation individuelle livrée à elle même ont eu des conséquences bien plus déplorables encore ou , tout au moins, bien plus insignifiantes. Les spéculateurs ont acheté des terrains partout où ils ont trouvé un possesseur disposé à vendre, et partout où ils ont pu simuler un possesseur. La plupart avaient pour but d'agioter sur le terrain et de faire fortune en revendant fort cher ce qu'ils avaient acheté pour rien. Mais les acheteurs en seconde main ne se sont pas présentés et les terres sont restées incultes et improductives dans les mains de leurs premiers détenteurs. Quelques-uns d'entre eux , pour réaliser des bénéfices par une autre voie, ont enfin essayé de mettre leurs terres en valeur ; mais l'insuffisance des lumières ou des ressources, certaines conditions locales mal appréciées d'avance , l'incohérence des efforts tentés individuellement par chaque colon isolé de son semblable et réduit à ses propres forces, l'absence de sécurité, la nostalgie et l'insalubrité dans beaucoup de cas , les vices et les écarts d'une moralité moins qu'ordinaire, l'avidité du gain et le désir de faire rapidement fortune avec peu ou point de travail, la cherté et la mobilité de la main d'œuvre devaient arrêter et faire échouer les efforts des spéculateurs. Quelques sociétés de commerce, après s'être procuré des terres ont voulu les revendre, mais il s'est trouvé peu de colons déjà pourvus de capitaux et disposés à accepter des conditions onéreuses.

« Ainsi, dit encore l'abbé Landmann, agiotage au début ; par suite, choix du terrain au hasard, et delà éparpillemeut des établissements lorsqu'il s'en formait ; insalubrité du sol, défaut de capitaux, défaut de connaissances agricoles, expériences fâcheuses, colons non sérieux venant pour faire fortune et non pour fonder une famille en Afrique ; prix exorbitant du travail, immoralité des agioteurs et souvent des colons ; voilà les causes inséparables du mode de la concurrence individuelle qui ont fait échouer la colonisation en Afrique et qui la feront échouer partout. La spéculation individuelle ne peut réussir qu'à la suite des grands établissements déjà formés par voie administrative ou par les compagnies. »

CONDITIONS GÉNÉRALES D'UNE BONNE COLONISATION.

Si l'on veut déterminer d'une manière générale les conditions nécessaires à l'établissement des Européens en Afrique, on reconnaîtra d'abord qu'elles doivent assurer la sécurité des colons. Cette sécurité doit résulter de la force propre des colonies et non pas exclusivement du secours qu'elles peuvent recevoir du gouvernement de la province ; c'est-à-dire qu'il faut qu'elles soient en état de se défendre elles-mêmes, non seulement contre une surprise des Arabes, mais encore contre une attaque plus sérieuse sinon très-prolongée. La colonie doit donc, dès son origine, être composée d'un grand nombre de familles ayant au moins chacune un membre capable de porter les armes et réunies dans un lieu susceptible d'une défense proportionnée aux attaques d'un ennemi d'ailleurs peu redoutable, dès qu'on lui oppose le moindre obstacle physique tel qu'un fossé avec un simple parapet en terre et des haies vives de figuiers de Barbarie et d'aloès. En un mot, il faut que la colonie renferme un élément militaire et il y a tout à gagner à ce que cet élément soit la partie virile de sa population et non pas une garnison fournie par l'armée. Des conditions tout aussi essentielles à remplir sont celles qui doivent assurer la santé et l'entretien des colons, dès les premiers mois de leur installation, par les produits de la colonie elle-même. On conservera la santé des colons par le choix d'une localité salubre, par toutes les mesures qu'exigent les lois de l'hygiène et par l'organisation d'un bon service médical. Pour que la colonie s'entretienne promptement elle-même, elle doit être essentiellement agricole dans les premières années et se livrer, sinon exclusivement, du moins principalement aux cultures qui doivent fournir les denrées nécessaires à la consommation. Il faut encore « pour que l'harmonie et l'union se maintiennent entre les nombreuses familles réunies, il faut qu'un même principe moral les unisse, les gouverne et les juge. De là, la nécessité de l'intervention d'un ministre de la religion.

« Pour que la colonie soit durable, et que les enfants persistent dans les sentiments qui animaient leurs pères, il faut une puissante éducation et une sanction énergique. De là encore la nécessité de l'intervention d'un ministre de la religion chargé de ce soin, et l'emploi de tous les moyens de perfectionnement qui seraient applicables aux besoins de la Colonie (L'abbé Landmann). »

Après ces indications préliminaires, nous allons exposer le plan que l'Union agricole d'Afrique se propose de suivre pour l'exécution de son projet de colonisation.

BUT QUE L'UNION AGRICOLE SE PROPOSE.

La Société l'UNION AGRICOLE D'AFRIQUE a été formée dans le but de fonder, en Algérie, sur un terrain qui lui sera concédé par le gouvernement, un village, dont tous les habitants seront associés pour leurs intérêts agricoles et industriels ; c'est-à-dire une commune dont le territoire ne pourra pas se diviser, et dont les propriétaires ne pourront céder que leurs titres, comme cela se pratique dans toutes les sociétés constituées suivant le mode actionnaire. Dans cette commune, tous les grands travaux de culture, d'irrigation, de construction, de plantation, de fabrication, de confection en tous genres, ainsi que l'élève des bestiaux, seront exécutés d'après une direction unique. L'association, dans plusieurs branches de la consommation, permettra encore une grande économie dans les dépenses. Cette association, pour la production et la consommation, doit au moins quadrupler la richesse sociale et individuelle, et, par conséquent, créer les conditions d'un bien-être supérieur à celui qu'on rencontre chez les habitants des villages dont la propriété est morcelée.

Le morcellement de la propriété n'est pas un régime convenable pour l'Algérie, au moins pour le début de la colonisation. Il n'a pas réussi et ne devait pas réussir. Il en a été et il en sera de même des grandes concessions, dont les propriétaires entreprennent l'exploitation au moyen d'ouvriers simplement salariés. Ces deux systèmes sont également insuffisants et vicieux comme l'expérience l'a prouvé. Avec un peu d'attention, on comprend en effet très bien qu'ils ne pouvaient, en face des obstacles qui existent en Afrique, amener aucun résultat satisfaisant :

1° Parce que la grande concession qui n'intéresse pas directement le travailleur à son succès, se procure difficilement des bras et presque toujours à un taux très élevé ; parce que les travailleurs purement salariés n'apportent que mollesse et indifférence partout où ils apporteraient zèle et activité s'ils étaient copropriétaires, et, enfin, parce que la mobilité de l'ouvrier est telle, qu'il n'est pas possible de compter sur lui au moment où les besoins sont impérieux ;

2° Parce que les travailleurs qui ne sont que prolétaires restent étrangers au sol où ils ne s'attachent pas, où ils ne racinent point, où ils ne font que passer sans laisser de trace, au lieu de créer une richesse utile à la Colonie, création qui doit être le but de nos efforts dans l'Algérie ;

3° Parce que cette vie errante, sans domicile fixe, sans contrôle d'aucun genre, agit d'une manière démoralisante sur l'ouvrier, et le dégrade bientôt au physique comme au moral ;

4° Enfin, parce que le petit concessionnaire qui manque de savoir, de force, de moyens de tous genres, est obligé de diviser son petit pécule entre vingt objets différents qui chomeront pendant six mois de l'année ; qu'il ne peut pas acheter le bétail indispensable, ni faire les travaux nécessaires qui demandent quelques sacrifices dès le début ; et que, par suite, il tombe dans la misère et dans le découragement, comme le travailleur purement salarié, ce qui entraîne aussi chez lui une dégradation physique et morale.

L'Union agricole d'Afrique évitera dans son village tous ces inconvénients et toutes les misères inhérentes aux différents modes essayés jusqu'à ce jour, et réunira les avantages de la grande propriété : puissance, savoir, économie, unité d'action ; et ceux de la petite propriété : zèle, activité et intelligence de la part des travailleurs qui seront tous copropriétaires à un degré quelconque. En un mot, les fondateurs de l'Union agricole veulent réunir les éléments nécessaires , capitaux et travailleurs , pour fonder une commune d'après des principes d'équité et de justice, qui satisferont à la fois le capitaliste et l'ouvrier, première et indispensable condition de succès dans notre Colonie africaine.

Les statuts de la Société qui ont été longuement élaborés, n'ont été transformés en acte authentique qu'après un examen approfondi des éléments que peut fournir la mère-patrie pour porter la civilisation dans le nord de l'Afrique, et des conditions que ce pays présente pour l'accomplissement de ce but humanitaire. Cette étude a été rendue plus facile et plus complète par l'union d'un certain nombre d'hommes dont les uns, résidant en France, appartiennent à des professions et à des industries diverses, dont les autres, par un séjour plus ou moins prolongé en Afrique, ont vu de près les conditions dans lesquelles se trouve l'Algérie, et qui tous peuvent présenter les garanties désirables par leurs lumières et leur moralité. Toutefois, les sociétaires, dont le but est d'arriver promptement à attirer et à établir dans leur village une nombreuse et riche population, prise dans les différentes classes de la société, modifieront toujours leurs règlements autant que les intérêts de la Colonie le réclameront.

Le village que nous voulons fonder , loin d'être une communauté où tous auraient les mêmes droits, les mêmes revenus, etc., comme quelques personnes l'ont prétendu, sera, au contraire, une commune, une petite ville parfaitement graduée, hiérarchisée dans ses éléments constituants, où chacun sera à sa place, possédera en raison du nombre d'actions inscrites à son nom, et recevra sur les bénéfices une part proportionnelle au concours qu'il aura prêté à la création des produits.

La Colonie, une fois organisée, aura des gens riches,
mais n'aura ni gueux, ni mendiants. D'abord pour y être
admis, il faudra posséder quelque chose, ne fût-ce que peu.
En outre, la Société aura des crèches, des salles d'asile,
une infirmerie, une ambulance; en un mot, un système
général de soins et de secours pour les enfants en bas
âge, les vieillards, les malades et les blessés mis en dé-
pôt par l'armée dans certains cas d'urgence.

Quoique le principe d'association forme la base de l'organisation de la Colonie, et que, par conséquent, cette
organisation présente quelque analogie, au point de vue
des intérêts matériels, avec une commune sociétaire telle
que celle dont l'école socialiste fondée par Charles Fourier
poursuit la réalisation ; cependant, ce n'est que par une
méprise inexplicable que quelques personnes ont pu croire
que le projet de l'Union agricole était de fonder un
phalanstère en Afrique. Des articles publiés dans quelques journaux ont eu cette erreur pour origine. Il nous
suffira de faire remarquer ici que la Société ne s'est
nullement occupée des moyens propres à résoudre le
problème du travail attrayant et de l'association des
hommes, sous le rapport des passions et des caractères.
L'Afrique serait infiniment moins favorable que tout
autre pays à une tentative de ce genre. L'entreprise de
l'Union agricole ne tend qu'à établir la solidarité
des intérêts entre les capitalistes et les travailleurs,
et à substituer, au régime du morcellement et du pro-
létariat, les avantages de l'unité dans la direction des
travaux, de l'économie dans la production et dans la consommation, de la justice dans la répartition, et de la riva-
lité émulative dans le concours de chacun à l'œuvre commune. Qu'on y ajoute le bienfait d'une éducation générale et professionnelle, morale et religieuse, donnée à
tous, celui d'une liberté individuelle limitée dans son

essor par le principe d'autorité fondé sur l'ordre et la hiérarchie, et, enfin, une somme de bien-être assurant au moins la satisfaction intégrale de tous les besoins principaux du corps et de l'ame , on aura la mesure exacte des résultats dont les fondateurs de la Société ont fait la perspective de leurs vœux et de leurs efforts.

POPULATION ET ÉTENDUE DU TERRITOIRE DE LA COMMUNE PROJETÉE.

D'après les calculs et les prévisions des fondateurs, la population de la commune projetée devra être portée au chiffre de dix-huit cents habitants environ, formant trois à quatre cents familles. Ils pensent donc que l'étendue du territoire que l'État devra concéder à cette colonie, ne peut pas être moindre de trois mille hectares, ce qui ne ferait pas deux hectares par chaque habitant, ou dix hectares par famille, chiffre de beaucoup inférieur aux concessions qui sont faites dans tous les villages en Algérie.

Ce simple calcul démontre clairement que ce n'est pas une grande concession que demandent les fondateurs de l'UNION AGRICOLE, mais bien l'autorisation de se mettre à la place de l'Etat, pour fonder une commune d'après le principe d'association et selon les bases que l'autorité compétente aura admises. Si, à la rigueur, on veut considérer les fondateurs comme des demandeurs de concession , on doit au moins reconnaître qu'au lieu d'une grande concession qu'ils semblent solliciter, ce n'est tout au plus qu'une agglomération de petites concessions qu'ils demandent, au nom de la Société dont ils doivent faire partie.

CHOIX DE LA LOCALITÉ OU LA SOCIÉTÉ DEMANDE A S'ÉTABLIR.

La Société, après avoir fait explorer toute la partie de la province d'Alger, qui avoisine cette ville dans un rayon de douze à quinze lieues, n'avait trouvé qu'une seule localité favorable à ses projets. Dans cette province, en effet, toutes les grandes concessions ont été déjà faites ; les spéculateurs amenés par le flot de la conquête ont envahi le sol depuis plusieurs années, et la terre qu'aurait dû fertiliser la main du travailleur, n'a été qu'une marchandise, objet d'un trafic souvent peu honnête. Dans cette province, on a d'ailleurs à lutter contre l'insalubrité très dangereuse de la plaine marécageuse de la Mitidja ; les collines du Sahel ne sont pas d'une grande fertilité, et, enfin, les travaux de défrichement y sont souvent très dispendieux à cause de l'abondance des palmiers nains et autres plantes difficiles à détruire. La localité de Chaïba-el-Fokani avec ses environs, à l'ouest de Coléah, ayant seule été jugée favorable à notre entreprise, la demande, pour en obtenir la concession, fut adressée à M. le ministre de la guerre. Mais bientôt on apprit que des particuliers avaient fait reconnaître la légitimité de leurs prétentions sur une partie de cette propriété qui, réduite à quelques centaines d'hectares, ne pouvait plus convenir aux vues de l'UNION AGRICOLE. La Société tourna donc ses regards d'un autre côté, et, grâce au zèle que le capitaine Gautier mit à explorer les environs de la ville d'Oran, où son service l'avait appelé, grâce aux renseignements que lui fournirent plusieurs officiers distingués de notre armée, placés depuis plusieurs années dans la province d'Oran, la Société fut instruite des conditions très avantageuses que présente la plaine du Sig, sous le rapport de la sécurité, de la salubrité et de la fertilité du sol. La

Société ne s'arrêtant pas aux inconvénients momentanés d'une guerre dont la violence ira toujours en s'affaiblissant, a pensé que le moment était arrivé de diriger le mouvement colonisateur vers la province d'Oran qui jusqu'ici n'a pu connaître des Français que leur valeur et leurs exploits militaires. Heureuse cette province si elle évite les désastres qu'une colonisation incohérente ou dirigée par une spéculation effrénée a fait pleuvoir sur la province d'Alger ! Heureuse si ses fertiles plaines fécondées par les sueurs du travailleur et par le concours du capitaliste honnête, sinon désintéressé, rendent à l'un et à l'autre le bien-être et l'accroissement de fortune dus à leurs fatigues ou à leur hardiesse ! Heureuse aussi l'Union agricole, si, après avoir montré, dans un avenir prochain, ce que peut une association équitable basée sur l'accord des intérêts, et sur la pondération des droits individuels, elle imprime, par son exemple et par son succès, un élan désormais sûr et prospère aux efforts de la colonisation ! Espérons que la France à qui l'on veut refuser le génie colonisateur n'a pas dit son dernier mot à cet égard.

C'est dans la plaine du Sig que la Société a sollicité la concession d'un terrain de 3,000 hectares.

AVANTAGES DE L'ÉTABLISSEMENT D'UNE COLONIE PUISSANTE DANS LA PLAINE DU SIG, AU POINT DE VUE DES INTÉRÊTS GÉNÉRAUX ET PARTICULIERS.

Il n'est pas nécessaire de s'attacher à faire ressortir longuement de quelle importance, pour les possessions françaises d'Afrique, sera une colonie comme celle que veut fonder l'Union agricole. Facile à imiter, cette entreprise se reproduira d'abord sur quelques points et pourra se multiplier ensuite sur toute l'étendue du territoire algérien. Cette vue d'avenir est une conviction partagée, non seulement par tous les fondateurs, mais encore par toutes les personnes compétentes qui se sont occupées de la colonisation et qui ont étudié spécialement sur les lieux cette grande question. Telle est aussi l'opinion de M. le lieutenant-général de Lamoricière qui, avec sa haute appréciation des choses, des hommes et des lieux, attache une très-grande importance d'avenir à cette entreprise.

Comme résultats prochains et immédiats, si la Société obtient la concession qu'elle sollicite dans la plaine du Sig, il est facile de comprendre combien la colonie sera favorablement placée au double point de vue des opérations militaires et des intérêts matériels de la province. Sous le premier rapport, et sans compter l'appui efficace que pourra fournir, au moins pour une opération défensive, une milice de quatre à cinq cents hommes formée par une population de 1,800 personnes, il est clair que les denrées en fourrages, céréales, légumes, vins, etc., que la colonie produira en excès sur sa propre consommation, pourront être achetées pour les approvisionnements de l'armée qui est obligée de tirer de France ou d'ailleurs les produits que ne peut lui fournir encore la province d'Oran.

Au point de vue des intérêts généraux de cette province, les résultats de l'établissement de la colonie seront d'une importance majeure. La plaine du Sig est appelée par sa grande fertilité augmentée encore par les irrigations que le barrage du Sig rendra faciles et constantes, à devenir le grenier de quatre villes importantes, Oran, Mostaganem, Arzew et Mascara, dont la plus éloignée ne l'est que d'une douzaine de lieues du centre de la plaine. L'établissement d'une première colonie puissante et prompte dans son installation, aura très-rapidement pour effet l'accroissement du village de St-Denis du Sig, la culture de son territoire et l'arrivée, sur le reste de la plaine, d'une foule de colons encouragés à s'y établir par le succès d'un premier essai. L'embouchure de la Macta et Arzew deviendront, en peu d'années, le port de ce magnifique bassin et le point central des communications avec la France et le littoral. Arzew reconquerra ainsi son importance et sa prospérité antiques. Par l'extrémité méridionale de la plaine, la colonie irradiera vers Mascara et vers l'intérieur de la province en y expédiant les produits de sa propre industrie et ceux des grandes fabriques européennes; elle nouera ainsi des relations commerciales avec les tribus qui deviendront de moins en moins hostiles à mesure que leurs intérêts matériels, devenus par le commerce connexes et solidaires avec ceux des Français, leur feront sentir les avantages d'une paix durable et sincère.

MARCHE QUE VEUT SUIVRE LA SOCIÉTÉ POUR L'INSTALLATION DE SES COLONS.

C'est par l'installation successive des colons que la Société veut procéder à son établissement sur les terres concédées. Cette méthode qui échelonnera la dépense du capital de fondation sur plusieurs exercices, n'exigera néanmoins qu'un petit nombre d'années pour l'achèvement de l'œuvre, et permettra d'y parvenir sans avoir besoin d'un capital énorme et versé tout entier dès le début de l'entreprise. Ainsi, on commencera par installer un groupe de travailleurs en tous genres et de tous degrés, dont la mission sera d'ouvrir des carrières, d'extraire des matériaux de toute espèce, de créer des fours à chaux, des tuileries, des briqueteries, de préparer les charpentes, les menuiseries, etc.; enfin, de créer toutes les ressources en légumes, viandes, denrées de toute espèce nécessaires à la subsistance des hommes et du bétail pendant la première année. Ce premier groupe qui pourra être installé dans des logements provisoires semblables aux baraques militaires, dans l'espace de six mois, et compter cent à cent-cinquante individus environ, n'absorbera pas pour tous frais au-delà de cent à cent-vingt mille francs.

Six mois après, lorsque de nouvelles habitations auront été préparées, et que les autres dispositions préliminaires auront été prises, un deuxième groupe à peu près égal au premier sera installé. Alors ces deux groupes réunis travailleront à créer des ressources pour la subsistance des colons déjà établis et du troisième groupe à appeler. L'installation se continuera ainsi successivement par l'arrivée de cent personnes environ tous les six mois, ou, ce qui sera préférable, par l'établissement d'une vingtaine de colons tous les mois, et, au fur et à mesure de cette augmentation du personnel, la colonie créera elle-même des produits dont une partie réalisée augmentera ses ressources en s'ajoutant au capital qui sera versé par les actionnaires à des intervalles variables de six mois à un an, suivant les circonstances.

Cette marche par installation successive, plus sûre et plus prudente, en ce qu'elle expose à moins de fautes ou à des fautes moins graves dans leurs conséquences, sera d'autant plus rapide que le capital souscrit sera plus considérable. Si l'on voulait dépenser en trois ans le capital d'un million que demandent les statuts, il paraît certain que la Société pourrait porter au double le chiffre de chaque groupe de colons appelé tous les six mois et établir en trois ans mille à douze cents individus. Arrivée à ce point, la colonie serait assez puissante, assez riche, pour prélever, pendant deux ans, sur ses bénéfices annuels, une forte somme qui serait consacrée à élever sa popu-

lation jusqu'au chiffre jugé normal de quinze à dix-huit
cents ames. Mais, pour suivre une voie plus économique,
la société ne cherchera à réaliser l'installation complète
qu'en cinq ou six ans.

SECOURS QUE LA SOCIÉTÉ ATTEND DE L'ÉTAT.

Les secours que la Société espère obtenir du Gouvernement pour la réalisation de son utile entreprise seront
probablement équivalents à ceux qu'il accorde aux colons
ordinaires qui vont se fixer en Afrique. Les rapports officiels et les écrits qui ont été publiés sur ce qui a été fait
jusqu'ici en Algérie, démontrent que le Gouvernement
dépense environ 2,000 francs par chaque famille dont il
favorise et protége l'établissement dans les villages qu'il
fait construire. La Société de l'UNION AGRICOLE a donc lieu
de croire que les mêmes avantages lui seront accordés,
c'est-à-dire que l'Etat prendra à sa charge l'indemnité
de route et la traversée des travailleurs, la construction
de l'enceinte du village, de l'église, du presbytère, de la
maison commune, des écoles, des salles d'asile, des fon-
taines, de l'abreuvoir, du lavoir, de l'abattoir, la conduite des eaux dans l'intérieur du village, les chemins
de communication, en un mot, les travaux d'utilité publi-
que.

Etant donc admis que le Gouvernement prendra à sa
charge les travaux dont il vient d'être question, nous allons
voir de quelle manière la Société entend appliquer le capital d'un million à la colonisation d'une lieue carrée de terrain, c'est-à-dire à la transformation d'un sol inhabité et
inculte en une commune de quinze à dix-huit cents habitants, cultivant le sol et exerçant les industries que la nature du pays et ses conditions commerciales et politiques

pourront comporter. Dans ce développement, la colonie aura deux phases à parcourir successivement ; la première sera essentiellement agricole, la seconde sera principalement industrielle. Il faut bien comprendre toutefois que l'industrie ne remplacera pas l'agriculture, mais s'y ajoutera, afin d'augmenter la richesse générale en occupant les bras inutiles à la culture du sol.

PREMIÈRE PHASE DU DÉVELOPPEMENT DE LA COLONIE, OU PHASE AGRICOLE.

Nous avons dit que la première phase sera essentiellement agricole. Nous entendons par-là que les premiers efforts de l'association se porteront sur la culture et la mise en valeur du terrain concédé, et qu'il ne devra être créé des ateliers industriels, c'est-à-dire des fabriques, que lorsque la population aura atteint le chiffre nécessaire pour l'entière exécution des travaux de culture. Si le terrain concédé présente une étendue de trois milles hectares, la population doit atteindre le chiffre de cinq à six cents personnes, soit cent à cent-vingt familles. Il s'agit donc d'étudier quel temps et quelle somme d'argent seront nécessaires pour amener ce résultat. Bien qu'il soit difficile d'établir des calculs rigoureusement exacts sur une opération dont toutes les conditions ne peuvent être parfaitement connues à l'avance , nous avons assez multiplié nos investigations et consulté les documents capables de nous éclairer, pour espérer d'avoir évité des erreurs importantes. L'ouvrage de M. Moll nous a paru l'un des plus dignes de confiance ; nous nous sommes aussi appuyés particulièrement sur l'autorité de l'abbé Landmann, qui nous semble avoir posé avec sagesse les bases du budget des dépenses nécessaires pour l'établissement d'une ferme habitée par cent familles, suivant le système qu'il a présenté dans sa brochure des *Fermes du petit Atlas* et dans celle plus récente des *Mémoires au roi*. Sur plusieurs points, cependant, nous avons admis des évaluations plus larges que celles de l'abbé Landmann ; car nous voulons donner à nos colons plus que l'indispensable ; nous voulons leur procurer l'utile, et même, le plus souvent possible, tout ce qui pourra leur rendre la vie agréable, et remplacer pour eux les avantages de la mère-patrie.

Il s'agit, nous le répétons, d'opérer dans un temps donné, l'établissement de six cents personnes environ, de tout âge et de tout sexe, sur un territoire de trois mille hectares environ qu'elles seront chargées de mettre d'abord, puis d'entretenir en culture.

Toutes les dépenses doivent se diviser en trois catégories : 1° Frais de fondation ; 2° Frais d'entretien ; 3° Rétribution du travail et du capital. Nous allons les étudier en sept chapitres.

CHAPITRE Ier.

—

Construction des bâtiments.

La construction des bâtiments comprend : 1° celle des bâtiments provisoires pour l'habitation des premiers colons ; 2° celle d'une partie des bâtiments définitifs qui devra être élevée pendant la phase agricole ; 3° celle des bâtiments destinés à renfermer le bétail, d'un moulin à farine et de quelques ateliers tels que ceux de charpente et de menuiserie, de forge et de serrurerie, etc.

1° Les bâtiments provisoires d'habitation seront des baraques analogues à celles que l'armée emploie en

Afrique. Elles ne coûteront pas au delà de 40 à 50,000 francs pour loger les trois cents premiers colons. Voici le calcul à faire à cet égard :

Une baraque de vingt mètres de longueur sur huit de largeur, ayant par conséquent cent soixante mètres de superficie, divisée en huit compartiments, achetée à Oran, reviendra, toute établie sur la plaine du Sig, à 4,000 fr.; sans compartiments, elle ne coûtera que 3,000 fr. environ.

Pour loger trois cents personnes nous aurons besoin de quatre dortoirs pour les célibataires adultes ou enfants, et de baraques divisées en compartiments pour le logement des colons qui voudront rester en famille. Admettons que les dortoirs devront contenir cent lits, à sept mètres de superficie pour chaque; les baraques pour dortoirs devront avoir une superficie de sept cents mètres et coûteront environ. . . 12,600

Pour loger les deux cents autres colons réunis en famille, les baraques devront offrir, à dix mètres de superficie en moyenne pour chaque personne (adulte ou enfant), deux mille mètres, et coûteront environ. . . . 50,000

Ajoutons une infirmerie pouvant contenir vingt lits. 4,000

Et une grande baraque pour la cuisine et la salle à manger évaluée à. 6,400

Nous aurons un total de. 73,000

Mais il faut remarquer que la main d'œuvre devant être fournie par les colons eux-mêmes, sinon tout-à-fait pour les premières baraques, au moins pour les deux derniers tiers, c'est plus d'un tiers de la dépense à reporter au chapitre VII, et à retrancher de la somme ci-dessus, qui alors se réduirait à. 45,000

2° Si l'on voulait loger trois cents colons de plus dans des baraques, afin de retarder les constructions définitives jusqu'à la fin de la phase agricole, ce serait une seconde dépense de 40,000 francs au plus. Mais nous calculerons autrement et supposerons qu'arrivée à la fin de la troisième année, la colonie aura déjà construit une partie des bâtiments définitifs, capable de loger trois cents personnes. Voyons ce que cette construction aura dû coûter. D'après les avant projets qui nous ont été soumis par des hommes de l'art, la totalité des constructions destinées à loger une population sociétairement agglomérée de dix-huit cents personnes devra coûter environ 1,200,000 fr., en matériaux et main d'œuvre. Par conséquent, la construction du logement de trois cents personnes coûterait 200,000 francs. Mais nous devons remarquer que toute la dépense de la main d'œuvre en maçonnerie, en exploitation des carrières, en transport et taille de la pierre, en grosse charpente et menuiserie devant figurer au chapitre VII, il faut la retrancher de la somme ci-dessus. Il est impossible que cette main d'œuvre n'entre pas pour plus de moitié dans la dépense totale, car toutes les matières premières : pierre dure et tendre, pierre à chaux et plâtre, sable, terre à brique et à tuile se trouveront sur les lieux. Le bois de charpente et le fer seulement seront achetés à l'état brut. Toutes ces matières seront façonnées par les travailleurs mêmes de la Société. Nous pouvons donc hardiment réduire le chiffre ci-dessus à . 100,000

3º Le bétail devant être porté au bout de trois ans à la moitié de son entière valeur, nous aurons besoin d'écuries capables de contenir cent quatre-vingt chevaux et poulains, huit cents bêtes à cornes de tout âge, trois mille moutons, trois mille cochons, six mille pièces de volaille. Ces écuries et étables seront moins coûteuses que les baraques destinées au logement des premiers colons et ne devront coûter tout au plus que 12 fr. le mètre superficiel.

1º Les écuries contenant cent quatre-vingt chevaux auront une superficie de 700 mètres au plus et coûteront.   8,400

Les étables pour huit cents bêtes à cornes auront une superficie de deux mille cinq cents mètres au plus et coûteront.   30,000

Les bergeries pour trois mille moutons peuvent être portées à.   10,000

Les porcheries pour trois mille cochons à .   10,000

Les volailleries à.   2,000

Enfin les parcs et hangards qui ne se composeront que d'un toit et d'une enceinte, le plus souvent en claire-voie ayant une superficie d'environ quatre mille mètres, coûteront environ.   20,000

Evaluons ensuite le moulin à farine, et les ateliers de charpente et de menuiserie, de forge et de serrurerie, de blanchisserie, de lingerie et confection de vêtements, de laiterie, fromagerie et fruiterie, de boulangerie, de boucherie et les magasins pour le blé et produits divers, à.   13,600
                                                                          ————
                                                                          94,000

Comme la dépense de la main d'œuvre né-

cessaire pour ces constructions doit figurer au
chapitre VII, nous devons retrancher plus du
tiers de cette somme et la réduire à. 60,000

Si nous récapitulons les trois articles de ce premier chapitre, nous trouvons qu'abstraction faite du salaire ou du
minimum de la main d'œuvre, la dépense des constructions élevées pendant la phase agricole ne dépassera pas
très probablement la somme de 205,000 francs, savoir :

1° Habitations provisoires. 45,000
2° Partie des habitations définitives. . . 100,000
3° Ecuries, étables, parcs, hangards,
ateliers 60,000

Total. 205,000

CHAPITRE II.

Dépenses d'Ameublement.

Les frais d'ameublement ne seront pas très considérables. Nous n'agirons pas comme le veut, pour ses fermes,
l'abbé Landmann qui considère tous les travailleurs, en
quelque sorte, comme des domestique que la ferme
non-seulement nourrit et loge, mais à qui elle fournit
encore des meubles et des vêtements. L'Union Agricole procédera différemment. Elle louera aux colons
des appartements de leur choix et leur vendra les meubles
et autres objets d'usage particulier dont ils auront besoin. Faisant ses approvisionnements avec prudence, la
Société ne perdra rien sur la revente de ces objets
qu'elle cédera au moins au même prix qu'elle les aura

achetés. Elle pourra aussi louer quelques meubles et autres objets, mais elle mettra de sages limites à cette opération afin que le capital destiné à cet emploi ne soit pas considérable. Ainsi, tous les colons mariés et beaucoup de célibataires auront leur logement et, autant que possible, leur mobilier particulier, sans pour cela tenir leur ménage isolément, puisque la cuisine sera organisée d'après le mode sociétaire.

La Société ne logera dans les dortoirs qu'un certain nombre de célibataires, les ouvriers les moins rétribués, par exemple, qui y trouveront une grande économie, et les enfants. Elle n'aura donc à se préoccuper que de l'ameublement des dortoirs, c'est-à-dire de la fourniture du lit garni et de quelques accessoires. Nous admettrons que, sur une population de six cents personnes, quatre cents au moins seront logées dans des appartements particuliers grands ou petits et deux cents seulement dans les dortoirs. La Société aura donc à prêter ou à louer :

1° 200 lits en fer qui à 30 fr. chaque coûteront. 6,000

2° 200 paillasses et rouleaux, à 10 fr. . . 2,000

3° 200 matelas, à 45 fr. 9,000

4° 300 paires de drap en toile, à 20 fr. . 6,000

5° 200 couvertures en laine, à 10 fr. . . 2,000

6° Matériel accessoire des dortoirs consistant en tables de nuit, rideaux, casiers pour les vêtements et le linge personnel, objets divers, à 20 fr. par personne, pour 200 personnes. 4,000

7° 200 chaises et quelques tables de dortoirs 500

Comptons ensuite pour six cents colons :

8° Table pour le réfectoire sociétaire capable de porter 250 couverts (ce nombre est suffisant

Total à reporter. . . 29,500

	Report. . .	29,500

même avec une population de six cents personnes, parceque l'heure des repas ne sera pas
la même pour tout le monde). 500
   9° Bancs, chaises et autre mobilier du réfectoire. 500
   10° Linge et ustensiles de table (nappes, ser-
viettes, vaisselle, fourchettes, cuillers, cou-
teaux, etc). 4,000
   11° Objets nécessaires aux écoles. . . . 1,500
   12° Premier fond d'une bibliothèque. . . 1,500
   13° Objets nécessaires à la chapelle. . . 1,500
   14° Médicaments et matériel d'une pharmacie. 1,500
   15° Matériel de la cuisine. 3,000
   16° Pour divers objets non mentionnés. . 1,500

Total. 45,000

CHAPITRE III.

Bétail et matériel d'exploitation.

Les objets nécessaires pour l'exploitation des terres
peuvent s'estimer comme il suit :
   1° 100 paires de bœufs, à 350 fr. l'une. . 35,000
   2° 200 vaches à 125 fr. l'une. 25,000
   3° 100 chevaux (dont 50 juments), à 400
fr. l'un. 40,000
   4° 20 mulets, à 500 fr. l'un. 10,000

Total à reporter. . . 110,000

Report. . . 110,000

5° 1,000 brebis à 10 fr. pièce. 10,000
6° Un troupeau de porcs. 2,000
7° Basse-cour et son entretien. 1,000
8° Pour la cultures des abeilles. 500
9° 100 charrues à 80 fr. l'une. 8,000
10° 20 herses et rouleaux. 2,000
11° 40 chariots de différentes grandeurs,
à 400 fr. chacun. 16,000
12° Pour divers instruments aratoires. . . 2,000
13° Harnais pour bœufs et chevaux. . . 10,000
14° Matériel du moulin à farine et des
ateliers. 10,000
Pour objets non mentionnés et imprévus. . 3,500

TOTAL. 175,000

CHAPITRE IV.

—

Semences et plantations.

Les semences en céréales, plantes potagères, fourragères et pommes de terre ne devront être achetées que pour
la première année. A partir de la seconde, la Colonie
produira elle-même ses semences, à très peu de chose
près, nous porterons donc seulement :
1° 200 hectolitres de blé, à 20 fr. . . . 4,000
2° 400 *idem* d'orge, à 12 fr. . . . 4,800
3° Semences potagères et fourragères. . . 1,000
4° 50 quintaux métriques de pommes de
terre, à 10 fr. 500

Total à reporter. . . 10,300

Report. . . 10,300

Pour les plantations on préparera le plus tôt possible une riche pépinière qui permettra, dans le cours des 4ᵉ, 5ᵉ et 6ᵉ années, d'achever toutes les plantations ; on aura besoin d'acheter au début environ :

5° 5,000 mûriers à haute tige, à 30 cent. la pièce 1,500

6° 10,000 multicaules et sauvageons, à 10 fr. le cent. 1,000

7° 10,000 oliviers, à 30 cent. la pièce. . 3,000

8° 50,000 pieds de vigne, à 5 fr. le cent. . 2,500

9° 1,000 pieds de grenadiers, figuiers, amandiers, jujubiers, etc. à 50 cent. la pièce. 500

10° 250 orangers et citronniers, à 2 fr. . 500

11° Etablissement d'une pépinière. . . . 3,000

12° Objets imprévus. 2,700

TOTAL. 25,000

CHAPITRE V.

Entretien des Colons,

Cet entretien ne sera très coûteux que pendant la première année, surtout pendant les six premiers mois, parce qu'au bout de ce temps la colonie pourra déjà vivre en partie des produits du bétail, de la basse-cour, du jardinage, des pommes de terre, etc., qu'elle aura récoltés. Au bout d'un an elle aura de plus les céréales nécessaires à sa consommation. Après la troisième année elle récoltera son vin ; il ne lui manquera plus que le café, le sucre et le sel, et encore est-il probable qu'elle pourra produire du sucre.

Evaluons d'abord les dépenses de la première année. Les colons devant être appelés successivement pour atteindre le nombre de 200 environ au bout d'un an, nous porterons au *maximum* de 150 le chiffre moyen des colons présents sur la colonie pendant toute la durée de la première année.

1° Cent-vingt kilogrammes de pain par jour à raison de 0, 30 c. le kilog. (le pain sera confectionné dans la colonie et ne reviendra probablement pas même à ce prix) 13,140

2° Cent-cinquante kilog. de viande par semaine (bœuf, veau, mouton : — la consommation moyenne de chaque individu sera de 1 kilog. par semaine) à 1 fr. 20 c. le kilog. (prix moyen de la viande à Oran) 9,360

3° Vingt-cinq kilog. de porc salé par semaine à 1 fr. 75 c. le kilog. 2,275

4° Cent litres de vin par jour à 25 c. . . . 9,125

5° Vingt kilog. de poisson salé par semaine à 1 fr. 30 c. le kilog. 1,352

6° Trente quintaux métriques de pommes de terre pour six mois à 10 fr. le quintal métrique. 300

7° Mille kilog. de riz à 50 c. le kilog . . . 500

8° Mille kilog. de fruits secs à 50 c. le kilog. 500

9° Quinze cents kilog. de farine et légumes secs 1,000

10° Mille litres d'huile d'olive, à 1 fr. 75 le litre 1,750

11° Six cents kilog. de café, à 1 fr. 25 c. le kilog 750

Total à reporter. . . 40,052

Report. . .   40,052

12ᵉ Douze cents kilog. de sucre, à 1 fr.
40 c. le kilog   1,680
13° Six cents litres de vinaigre à 20 c. le litre.   120
14° Trois cents kilog. de savon à 1 fr. le kilog.   300
15° Objets divers, sel, poivre, épices, etc. . .   2,848

Total. . .   45,000

L'entretien du personnel de la colonie pendant la deuxième année aura lieu en grande partie avec les produits qu'elle aura créés en céréales, viande, pommes de terre, légumes frais et secs; dans cette seconde année la population moyenne de chaque jour sera probablement de trois cents personnes. C'est d'après ce nombre que nous allons évaluer les dépenses.

Nous aurons à acheter :

1° Deux cents litres de vin par jour, à 0, 25 c.
le litre.   18,250
2° Poisson salé   2,704
3° Deux mille kilog. de riz.   1,000
4° Deux mille kilog. fruits secs. . . .   1,000
5° Deux mille litres d'huile d'olive. . .   3,500
6° Douze cents kilog. de café.   1,500
7° Deux mille quatre cents kilog. de sucre.   3,360
8° Douze cents litres de vinaigre à 20 c.
le litre   240
9° Six cents kilog. de savon, à 1 fr. le kilog.   600
10° Objets divers.   5,846

Total. . .   38,000

Dans la troisième année la population moyenne de chaque jour sera probablement de quatre cent cinquante personnes. Les dépenses peuvent être

évaluées d'après cette base et portées au chiffre
de :   57,000

En résumé, les achats de substances alimen-
taires à ajouter aux produits de la colonie pour
nourrir les colons pendant trois ans s'élèveront
à la somme de :   140,000

CHAPITRE VI.

—

*Entretien du mobilier, du matériel d'exploitation et du
bétail pendant les trois années de la phase agricole.*

1° Literie et mobilier des dortoirs. . . .   4,000
2° Mobilier du réfectoire, linge et ustensiles
de table. . , ...   2,500
3° Entretien et additions des écoles et de la
bibliothèque.   3,000
4° Entretien de la chapelle   800
5° Entretien de la pharmacie.   1,200
6° Entretien de la cuisine et de la buanderie.   1,500
7° Entretien du matériel agricole. . .   2,000
8° Entretien du matériel des ateliers. .   3,000
9° Pour le bétail (pendant les premiers mois)
cinq cents hect. d'orge.   6,000
10° Pour id. sel et objets divers. . . .   3,000

TOTAL :   27,000

CHAPITRE VII.

—

Rétribution du travail et intérêt du capital.

Les calculs que nous allons présenter sur les dépenses de la Société appliquées à la solde des ouvriers et employés de tout genre, ont été établis en tenant compte du prix de la main-d'œuvre généralement plus élevé en Algérie qu'en France. Toutefois les divers chiffres de rétribution fixe que nous avons pris pour base pourraient encore paraître évalués trop bas, si tous les travailleurs étaient admis comme salariés. Mais comme la plupart, au moins dès la seconde année, seront au contraire enrôlés comme associés , le droit de participation proportionnelle aux bénéfices que le régime sociétaire doit leur conférer, abaissera nécessairement le chiffre de la rétribution fixe qui, d'après les statuts, doit s'appeler *minimum* d'existence et comporter largement, même pour les associés les moins réribués, les moyens d'assurer la santé et le bien-être de chacun.

Nous avons fait voir dans les chapitres précédents, que la population de la colonie serait en moyenne, de 150 personnes la 1re année, de 300 la 2e, et de 450 la 3e, ce qui équivaut à 900 personnes pendant une seule année. Sur ces 900 personnes nous aurons vraisemblablement :

    1° 360 hommes adultes, de 20 à 60 ans ;

    2° 240 femmes adultes, de 20 à 60 ans ;

    3° 300 enfants et vieillards.

1° Sur 360 hommes adultes, nous en aurons approximativement :

Les 3/12 ou   90 placés au rang d'aides travailleurs
ayant une rétribution annuelle de 500
francs chacun, en tout. .   45,000
Les 7/12 ou 210 placés au rang d'ouvriers
à 800 francs.   168,000
Les 3/24 ou   45 admis aux grades inférieurs,
rétribués moyennement à
1,200 francs par an .   .   54,000
Le 1/24 ou   15 admis aux grades supérieurs, à 1,800 francs par
an, en moyenne .   .   .   27,000
Un Directeur.   6,000

300,000

2º Sur 240 femmes, nous en compterons :
Les 3/12 ou   60 au rang d'aides, rétribuées à
400 francs.   24,000
Les 7/12 ou 140 au rang d'ouvrières , à
600 francs.   84,000
Les 3/24 ou   30 admises aux grades inférieurs, à 900 francs. .   .   27,000
Le 1/24 ou   10 admises aux grades supérieurs, à 1,400 francs. .   14,000

149,000

Sur 300 enfants ou vieillards, nous en supposerons :
1º 100 mis à la demi-solde et hiérarchisés
comme les adultes ; ils recevront .   .   .   34,900
2º 100 admis au quart.   17,450
3º 100 enfants sans solde, pour mémoire. .   .   .   .

52,350

En résumé :

360 Hommes adultes, diversement rétribués,
    coûteraient. . . . . fr. 300,000
240 Femmes. 149,000
300 Enfants. 52,350

Total. 501,350

Sur cette somme la Société fournira en nature, la nourriture, le logement, le blanchis-
sage, quelques vêtements, etc.

1° à   90 Hommes aides travailleurs, au prix
        de 400 fr. par an. .   36,000
2° à 210 Hommes ouvriers, au
        prix de 550 f. par an,   115,500
3° à   45 Hommes occupant les
        grades inférieurs, au
        prix de 800 fr. par an,   33,000
4° à   15 Hommes occupant les
        grades supérieurs, au
        prix de 1,000 fr. par
        an.   15,000
5°   Au Directeur, au prix
        de 1,500 fr. par an,   1,500
6° à   60 Femmes aides, au prix
        de 300 fr. par an. .   18,000
7° à 140 Ouvrières, au prix de
        400 fr. par an. . .   56,000
8° à   30 Femmes de grades in-
        férieurs, au prix de
        600 fr. par an. . .   18,000
9° à   10 Femmes de grades su-

Total à reporter.   293,000

	Report. .	293,000
	périeurs, au prix de 800 fr. par an. .	8,000
10° à 100	Enfants de 14 à 20 ans, en moyenne, au prix de 375 fr. par an. .	37,500
11° à 100	Enfants de 7 à 14 ans, en moyenne, au prix de 200 fr. par an. .	20,000
12° à 100	Enfants avant 7 ans, en moyenne, au prix de 100 fr. par an. .	10,000
	Total. . . .	368,500

Il faut donc défalquer de la dépense totale évaluée ci-dessus à la somme de 501,350
Celle des fournitures avancées aux colons. . 368,500

Il reste pour leur rétribution en argent la somme de. 132,850

Le salaire ou *minimum* du capital ayant été fixé à 5 p. $_0/^0$ par les statuts, si nous supposons qu'il y ait eu 200,000 francs versés au début de chacune des trois années de la phase agricole, la somme de l'intérêt fixe due au capital, à l'expiration de la première année sera de. . fr. 10,000
de la seconde année. 20,000
de la troisième année. 30,000
Total. 60,000

La somme de 60,000 francs doit donc être ajoutée à l'ensemble des dépenses générales.

Il résulte de ces calculs que dans l'espace de

trois années, la Société aura à payer en argent :

1° Une partie de la rétribution due au tra-
travail, c'est-à-dire. . . . . fr.   132,850

2° Et l'intérêt fixe du capital, ci.   . . .   60,000

TOTAL.   192,850

Si nous récapitulons les dépenses, nous trouvons :

CHAPITRE I. Constructions.   205,000

— II. Ameublement   45,000

— III. Bétail et matériel.   175,000

— IV. Semences et plantations. . .   25,000

— V. Achats pour l'entretien du personnel   140,000

— VI. Achats pour l'entretien du mobilier, matériel et bétail. . . .   27,000

— VII. Solde des travailleurs en sus
des fournitures et intérêt fixe du
capital   192,850

TOTAL.   809,850

Soit en nombre rond. . .   810,000

Tel est le chiffre des dépenses prévues pour les trois premières années. Quelles sont les ressources destinées à les couvrir? Nous avons d'abord le capital des actions souscrites. Si un million a été souscrit, les versements par cinquième pourront n'avoir lieu que tous les ans ; alors, au bout de trois ans, le capital versé sera de 600,000 fr., et, si les produits de l'entreprise avaient été complètement absorbés par la consommation interne, on n'aurait qu'à faire effectuer le versement du 4ᵉ cinquième qui procurerait 200,000 fr. de plus ; par conséquent, les dépenses seraient couvertes. Mais il est impossible de calculer aussi bas. Cherchons donc à évaluer les produits de l'exploitation pendant les trois premières années.

Ressources destinées à couvrir les dépenses pendant la phase agricole.

Les ressources seront de deux espèces , les unes provenant des produits de l'exploitation , les autres des portions du capital de fondation que les actionnaires auront versé successivement par cinquièmes.

Pour l'évaluation des produits , nous négligerons ici tous ceux qui auront été fournis aux colons pour leur consommation, parce que nous les avons déjà portés en déduction des dépenses établies au chapitre VII. Ces produits qui consistent, avons nous dit, dans la nourriture, et une partie des vêtements, et dans lesquels nous avons fait rentrer aussi la fourniture du logement, nous ont paru devoir s'élever à la somme de 368,500 francs. Ils devraient être représentés ici, si nous avions à nous préoccuper des produits bruts ; mais tel n'est point notre objet, nous devons nous borner à rechercher pour quelle somme entreront dans les ressources de la Société, les produits destinés à être réalisés par la vente en valeurs d'échange.

1° *Ressources provenant des produits de l'exploitation pendant la phase agricole.*

Nous admettrons que sur la population courante des trois premières années, le tiers environ sera absorbé par les constructions, les plantations arborescentes , et autres travaux qui ne sont pas de nature à créer des produits immédiats en denrées destinées à la consommation de la colonie ou à la vente extérieure. Les deux autres tiers seulement travailleront pour cet objet. Nous spéculerons donc pour la 1re année sur 100 producteurs.

$$2^c \quad — \quad — \quad 200 \quad \text{id.}$$
$$3^e \quad — \quad — \quad 300 \quad \text{id.}$$

Voyons ce qu'ils pourront produire.

Une population agricole de cent personnes, composée d'hommes et de femmes, d'adultes et d'enfants, telle, en un mot, qu'on la rencontre dans les grandes fermes bien aménagées de la Flandre, par exemple, peut cultiver 5 à 600 hectares d'un terrain dans lequel les terres à céréales, les prairies et autres fonds sont distribués dans une proportion convenable.

D'autre part, devant avoir 30 paires de bœufs et 25 chevaux dès le début, c'est-à-dire à l'automne 1846, si, comme nous l'espérons, la concession du terrain nous est faite avant cette époque, nous spéculerons sur 25 charrues qui, travaillant pendant vingt jours, à 5 hectares par jour (ce qui est un *minimum*), pourront labourer et ensemencer 100 hectares en blé avec 200 hectolitres. Il faudra quarante autres jours de travail pour ensemencer 200 hectares avec 400 hectolitres d'orge.

Le produit de cette culture étant calculé d'après un rendement de dix pour un (*minimum* en Afrique) pour le blé, et de douze pour un pour l'orge, on récolterait 2,000 hectolitres de blé et 4,800 hectolitres d'orge. Sur cette récolte, nous prélèverons pour semences de l'année suivante 400 hectolitres de blé et 800 d'orge ; de plus, pour nourriture des colons, 900 hectolitres de blé, et, pour le bétail, 2,000 hectolitres d'orge. Il nous restera à vendre environ 700 hectolitres de blé qui, à 20 fr. l'hectolitre, donneront. . . . . f. 14,000
et 2000 hectolitres d'orge à 12 fr. l'hectolitre.   24,000

Nous n'évaluons, pour cette première année, les produits en jardinage, menu bétail, lait, beurre, fromage, etc., qui pourront être vendus à St-Denis ou à Oran qu'à la somme d'environ. 2,000

TOTAL des produits à vendre au bout d'un an.   40,000

Pour la seconde année, le nombre des producteurs étant double de la première année, il sera facile de porter le bénéfice provenant des mêmes produits à la somme de. 100,000
et, pour la troisième année, à la somme de. . 160,000

Nous aurons donc, en trois années, vendu des produits au moins pour la somme de . . 300,000

Nous ferons observer que la culture des céréales a été prise pour base des calculs précédents, parce que c'est celle qui rapporte le moins. Mais il y a des cultures beaucoup plus lucratives : celles, par exemple, des tabacs fins, du lin, du chanvre, du coton, de l'indigo, du cardon à foulon, et beaucoup d'autres rapportent deux et trois fois plus que celle des céréales. Il ne s'agira que d'étudier sur les lieux, d'une part, si le terrain est favorable à ces diverses cultures et, d'autre part, si, dans la province d'Oran, où les denrées de consommation alimentaire sont en partie importées de l'extérieur, et où le débit des produits des cultures spéciales peut rencontrer des conditions moins favorables que dans la province d'Alger ou de Constantine, si dans la province d'Oran, disons-nous, la culture des céréales devra ou non devenir l'objet presque exclusif de l'exploitation, au moins pendant les premières années. Outre les céréales, nous devons compter sur d'autres denrées, telles que les fourrages, les toisons des moutons et les cuirs du bétail.

A moins d'avoir, dès le début, un troupeau de vaches beaucoup plus considérable que nous ne l'avons supposé, et qui exigerait alors un premier achat plus coûteux, il est certain que la totalité des fourrages ne sera pas consommée ; une partie pourra être vendue, mais pour éviter toute déception, nous porterons cette source de revenu à un chiffre beaucoup moins élevé qu'il ne serait permis de le faire.

Nous porterons, pour la première année, la vente de deux mille quintaux de foin, soit à Oran, soit à Saint-Denis, à raison de 10 fr. le quintal au lieu de 14 à 15, prix ordinaire à Oran, à 20,000

Pour la seconde année, quinze cents quintaux 15,000

Pour la troisième, mille quintaux 10,000

TOTAL du produit en foin . . . 45,000

Nous évaluerons approximativement le produit de la laine des moutons, pendant trois ans, à la somme de 10,000

Celui du cuir des bœufs, vaches et moutons abattus pour la nourriture des colons, à . . 5,000

TOTAL 15,000

Nous pouvons donc porter la totalité des produits de la colonie, abstraction faite des objets consommés par elle, à la somme de 360,000 fr.

2° Ressources provenant du capital de fondation :

Ici, plusieurs suppositions peuvent être faites; mais il faut observer que, d'après la manière dont nous avons conçu le développement de la phase agricole, et d'après les bases du plan que nous venons d'exposer, il suffira de demander au capital la somme de 450,000 f., puisque, jointe à celle des produits évalués ci-dessus à 360,000 fr., elle formerait un total de 810,000 fr., égal à celui des dépenses établi à la page 74.

Pour réaliser cette somme de 450,000 fr., si le capital d'un million a été souscrit, il suffira d'en faire verser les trois premiers cinquièmes dans l'espace de trois ans pour avoir une somme de 600,000 fr. qui donnerait un excédant de 150,000 fr. Si, au contraire, car nous ne voulons pas écarter les suppositions les plus défavorables,

les actions souscrites ne s'élevaient qu'à la somme de 500,000 fr., il suffirait d'en faire verser la totalité dans le cours des trois années de la phase agricole.

Or, arrivée à ce point, la colonie serait dans un tel état de prospérité démontré par la somme des produits, que le reste du capital de fondation serait immédiatement souscrit, il n'en faut pas douter, et qu'ainsi l'on entrerait à pleines voiles dans la phase industrielle, susceptible d'être accomplie, ou au moins très avancée dans l'espace de deux ou trois autres années.

Pour mieux comprendre la situation de la Société à cette époque, nous n'avons qu'à rechercher ce que serait, après trois ans, la richesse sociale.

A. D'abord le sol mis en culture, ne fut-il estimé qu'à 500 fr. l'hectare (extrême minimum), représenterait une valeur de 1,500,000 fr., ci . . . . . fr. 1,500,000

B. 1° Les bâtiments avec le mobilier sociétaire, le bétail, le matériel d'exploitation, portés seulement au prix de revient (v. chapitres I, II et III.), vaudraient au moins . . 425,000

2° Valeur à ajouter auxdits bâtiments pour la main-d'œuvre dont la dépense n'a pas été comprise dans le prix de revient, environ. . . 100,000

C. Le produit de la multiplication du bétail serait considérable, abstraction faite de la partie consommée par la colonie pour sa subsistance :

1° 200 vaches achetées dans le cours de la première année peuvent produire, en trois ans, environ 400 fruits, dont 150 destinés à la consommation et 250 à l'élève.

250 élèves dont l'âge varie d'un jour à trois ans peuvent être estimées en moyenne 75 fr.

Report général.   . fr. 2,025,000

chaque, ce qui donne une somme de   18,750

    2° 50 juments peuvent donner,
en trois ans, 75 fruits, à 200 f. l'un   15,000

    3° 1000 brebis, en trois ans, peu-
vent donner 3000 fruits, dont les
1500 premiers peuvent en donner
1500 autres. Le troupeau entier serait donc de 5500 têtes, mais un
grand nombre de mâles ayant été
consommés, le troupeau réduit à
4000 têtes se sera accrû de fr.   30,000

    4° Un troupeau de porcs acheté
2000 fr., outre ce qui aura été con-
sommé, aura gagné facilement
une valeur de . . . . . . fr.   20,000

    5° La basse-cour vaudra au moins f. 10,000
                        ——————
                        93,750

Le produit total des améliorations en bétail
sera donc de . . . . fr.   93,750

    D. Enfin, portons la plus-value des plan-
tations arborescentes, les ouvrages d'art, canaux d'irrigation et autres travaux exécutés par
l'État à une valeur de . . . . fr.   300,000

    Nous aurons pour richesse sociale, créée en
trois ans, par l'émission de moins de douze
cents actions ou par le paiement des trois premiers cinquièmes de deux mille actions, la
somme de . . . . fr. 2,418,750

    Après avoir établi ce que sera la situation de la Société
à la fin de la phase agricole, demandons-nous si la situation des individus représentés par les éléments, travail et
capital, sera aussi belle. Posons-nous cette redoutable

question de savoir si nous aurons créé pour les colons le bien-être sans lequel il n'y a pas d'ordre possible ; et pour les capitalistes, une juste récompense de leur hardiesse et de leurs intentions philanthropiques.

Nous avons montré que, pendant ces trois années, les colons auront eu leur nourriture, leur logement, une partie de leur vêtements, et enfin une rétribution en argent de 132,850 fr. De leur côté, les capitalistes auront touché l'intérêt à 5 p. $^o/_o$ de leur argent, c'est-à-dire, suivant nos calculs, 60,000 fr. Voilà déjà un résultat de nature à satisfaire tout homme assez judicieux pour comprendre les difficultés d'une opération comme la nôtre pendant les premières années. Mais il y a plus : nous avons montré que les produits de l'exploitation seront au moins de 360,000 fr., outre toutes les fournitures faites aux colons; c'est-à-dire qu'après avoir, sur les produits destinés à la vente et estimés. . . . . fr. 360,000
prélevé, 1° 132,850 f. dûs au travail ;   en tout   192,850
       2°   60,000 f. intérêt du capit.
Il restera pour dividende ou bénéfice net . fr. 167,250
à répartir entre les travailleurs et les capitalistes.

Enfin, l'inventaire de la plus-value, dont nous avons plus haut cherché à apprécier l'importance, donnera lieu à une répartition qui fera plus que doubler la valeur de l'apport de chacun, soit en argent, soit en travail.

SECONDE PHASE DU DÉVELOPPEMENT DE LA COLONIE OU PHASE INDUSTRIELLE.

Nous insisterons beaucoup moins sur cette seconde phase que sur la première, d'abord, à cause de l'importance majeure de celle-ci qui doit constituer et assurer la vie de la colonie, et, ensuite, à cause de l'incertitude des éléments sur lesquels porteraient nos calculs, si nous voulions apprécier autrement que d'une manière très générale les diverses opérations industrielles auxquelles pourra se livrer une partie de notre population. Ces opérations seront nécessairement subordonnées aux ressources disponibles et aux conditions locales dans lesquelles on se trouvera placé pour les relations commerciales, pour l'achat des matières premières et pour la vente des produits. D'ailleurs, les plus importants de ces travaux doivent d'abord être ceux dont le but sera de créer les produits destinés à la consommation des colons. Avant d'esquisser la marche à suivre dans cette voie nouvelle, disons quelques mots de ce que seront les travaux agricoles pendant cette seconde phase qui , suivant nos prévisions, durera comme la première, environ trois années.

Les travaux agricoles auront encore, dans cette période, une grande activité, parce qu'aux cultures fondamentales, déjà établies dans la période précédente, il faudra ajouter et achever les cultures arborescentes qui seront alors faciles et peu dispendieuses, grace au soin qu'on aura pris de créer une riche pépinière dès le début de l'installation de la colonie. C'est ainsi qu'on portera les plantations

à   25,000 mûriers,
«   150,000 oliviers,
«   100,000 arbres à fruits,
«   1,200,000 pieds de vigne.

Nous donnons ces chiffres, parce que ce sont ceux qui seront probablement adoptés et arrêtés dans l'acte de concession; mais il est évident qu'ils ne pourraient être rigoureusement suivis, si une connaissance plus exacte du terrain venait démontrer que la partie favorable à la plantation de la vigne, par exemple, n'a pas l'étendue nécessaire pour contenir 1,200,000 pieds de vigne dans ce cas, il y aurait simplement lieu de compenser le déficit d'une plantation par l'excédant d'un autre, et il n'est nullement probable que le gouvernement suscite des difficultés à cet égard.

Tandis que la phase agricole aura eu pour but de créer autant que possible les cultures générales qui exigent une population moins considérable et moins de connaissances approfondies chez les hommes de l'art, on verra, au contraire, la colonie pourvue, dès sa quatrième année, d'une population plus forte et d'agronomes plus nombreux, plus instruits et plus expérimentés, entreprendre, après des essais prudents, des cultures plus spéciales et plus productives que celle des céréales. C'est ainsi que le tabac, le coton, l'indigo, le sucre et le thé peut-être, le nopal cochenillifère, le pavot, le chanvre, le lin, le houblon, etc. prendront graduellement une partie plus considérable de l'emplacement primitivement consacré à des denrées moins avantageuses. Nous n'avons pas besoin à cet égard de présenter aucun calcul, ni sur les dépenses à faire, ni sur les produits sur lesquels on doit compter. Qu'on veuille bien seulement avoir présents à l'esprit tous les inconvénients de la propriété morcelée, au point de vue de l'agriculture, et l'on comprendra comment la direction unitaire, toujours appuyée sur les lumières des hommes spéciaux et sur la puissance des moyens matériels, doit amener des résultats supérieurs à ceux que nous voyons s'accomplir dans la plupart de nos villages. La bonne distribution des cultures, l'abondance des fourrages naturels et artificiels dans un terrain fertile, dont l'irrigation peut quadrupler la fécondité, l'aménagement et le perfectionnement des engrais fournis par des troupeaux considérables, l'emploi des meilleures méthodes d'assolement, le choix et le renouvellement des semences, la promptitude de l'action devenue facile, grace à une population nombreuse, dans le cas, par exemple, où une récolte doit être rapidement

levée, la non-déperdition d'une partie du terrain par
des haies ou des murs désormais et presque partout inutiles, enfin un grand nombre d'autres dispositions presque
aussi aisées à réaliser par l'association qu'à pressentir dès
aujourd'hui, doivent faire de l'agriculture africaine une
source de richesses inconnues. Nous n'entrerons pas dans
une démonstration de détails à cet égard, et nous allons
jeter un regard également rapide sur le développement
industriel de la colonie pendant sa seconde phase.

Parmi les arts industriels, les arts agricoles et domestiques sont nécessairement appelés à se développer proportionnellement à l'accroissement de la population et aux
progrès de l'agriculture. Ils seront nécessaires dès le début de l'installation, mais n'auront, jusqu'à une époque
plus avancée, d'autre but en quelque sorte que la production des objets destinés à l'entretien de la colonie, à l'édification des bâtiments, et à la fabrication d'une partie de
l'ameublement ou du matériel d'exploitation. Nous n'a-
vons pas besoin d'insister sur les travaux relatifs à la meu-
nerie et à la boulangerie, à la boucherie et à la cuisine,
à la blanchisserie, à la lingerie et à la confection des vêtements, de la chaussure, etc., à l'exploitation et à la
taille des pierres, à la maçonnerie, à l'art du plâtrier, du
charpentier, du menuisier et de l'ébéniste, à la forge et à
la serrurerie, etc., etc. Les arts agricoles se borneront dans
les premiers temps à la fabrication du lait, du beurre et du
fromage, au lavage des laines, à l'éducation des abeilles,
à la préparation des plantes textiles et à leur conversion
en fils et tissus.

Aussitôt que la colonie récoltera une certaine quantité
de feuilles de mûrier, elle construira une magnanerie et se
livrera à l'éducation des vers à soie. Nous savons, il est
vrai, qu'on a peut-être exagéré jusqu'ici l'importance que
cette industrie doit avoir en Algérie ; il n'est pas bien

prouvé que ses résultats soient, dans un avenir même peu éloigné, aussi précieux qu'ils semblent devoir l'être dès à présent; néanmoins il ne faut pas douter des avantages que notre colonie pourra retirer de ses plantations de mûriers, parce que, parmi les cultures arborescentes, c'est une de celles qui donnent le plus rapidement des produits. La fabrication des vins et des alcools, celle des huiles prendront un développement de plus en plus marqué au fur et à mesure que la vigne et l'olivier entreront en rapport. La culture du houblon devant parfaitement réussir en Algérie, nous pensons avec M. Moll, que la fabrication de la bière sera doublement utile, en fournissant une boisson très bien adaptée aux conditions d'un climat chaud, et très précieuse en ce qu'elle tiendra lieu de vin jusqu'à ce que la vigne donne des produits suffisants.

Enfin, lorsque la colonie, grandissant dans sa force comme dans ses besoins, voudra élargir le cercle de ses travaux et accroître sa richesse, elle aura devant elle la création des arts manufacturiers proprement dits, c'est-à-dire, la filature du lin, du chanvre, de la soie et du coton qu'elle récoltera, celle des laines de ses troupeaux et le tissage des étoffes diverses que les conditions où elle sera alors placée, au point de vue des débouchés et des transactions commerciales, lui permettront de considérer comme des produits avantageux. La tannerie pourra aussi devenir une industrie fructueuse, si le pays fournit en suffisante quantité les végétaux pourvus du principe tannant.

Il est impossible d'entrevoir, dès à présent, autrement que nous venons de le faire, l'importance absolue ou relative des arts industriels que la colonie développera dans son sein. Répétons seulement que là n'est point le problème essentiel de la colonisation. C'est dans le développement agricole de la colonie que gît tout entière la question de vie ou de mort pour elle. Son succès, une fois démontré sous ce rapport, sa vie assurée pour le présent et pour l'avenir par l'abondance des produits de la terre, sa sécurité garantie par le nombre de ses habitants, son bien-être matériel et moral, fondé sur la satisfaction de tous les besoins individuels, sur l'ordre et l'harmonie résultant de l'accord des intérêts devenus solidaires, sur la discipline et le respect de l'autorité, et enfin sur les principes moraux et religieux qu'une éducation bien dirigée et de bons exemples auront inculqués dans l'esprit de tous, ces résultats, d'une bonne organisation, disons-nous, une fois atteints et mis en évidence, la Société de l'Union agricole aura tenu ses promesses, réalisé toutes les espérances de ses fondateurs, et donné à la France l'exemple de ce que l'Algérie doit attendre de la civilisation européenne.

Jetons maintenant un coup-d'œil sur le mouvement que suivront, dans leur accroissement progressif, la population de la colonie et la construction des habitations.

Nous avons dit qu'un dernier essaim de colons, appelé vers la fin de la troisième année, portera à cette époque la population de la colonie à six cents personnes environ. Comme, à partir de ce moment, le nombre des employés aux constructions pourra facilement être doublé et bien-tôt quadruplé, rien ne sera plus facile que de faire construire, chaque année, de quoi loger trois ou quatre cents personnes ; car c'est à une moyenne de trois cents, par an, que sera porté le nombre des travailleurs appelés sur les lieux. Ainsi, en trois ans, neuf cents nouveaux colons viendront se joindre aux six cents premiers, et amèneront la population au chiffre de quinze cents personnes. Croit-on que les constructions si rapidement conduites exigeront l'emploi d'un capital énorme ? on est dans l'erreur. En effet, la Société n'aura, à cette époque, rien autre à acheter pour ses bâtiments que le fer et le bois de charpente à l'état brut ; tous les autres matériaux se trouvant sur les lieux, la Société n'aura à supporter que les frais de main-d'œuvre, dont les quatre cinquièmes environ seront couverts par la fourniture des logements, de la table, etc., Dès que les bâtiments en pierre seront assez avancés pour loger tous les colons déjà installés, les bâtiments provisoires seront évacués et utilisés pour le bétail qui, de son côté, sera rapidement élevé par la multiplication à un chiffre proportionné à l'abondance des fourrages.

Si nous cherchons à prévoir quelle sera la situation de la colonie après six années d'existence environ, nous pouvons admettre comme infiniment probables les résultats suivants :

1° La colonie aura ses terres divisées et cultivées à peu près comme il suit :

<pre>
      800 hectares en céréales et plantés d'arbres ;
      800   id.   en prairies naturelles et plantés
                     d'arbres ;
      500   id.   en vergers et ensemencés de plan-
                     tes aimant l'ombre ;
      300   id.   en jardins potagers et autres gar-
                     nis d'arbres ;
  2 ou 300   id.   en vignes et plantés d'arbres ;
      300   id.   en bois, pâturages, etc.
</pre>

TOTAL. 3,000 hectares.

2° Un système complet d'irrigation sera établi.

3° On aura planté : 25,000 pieds de mûriers,

<pre>
              150,000 — d'oliviers,
              100,000 — d'orangers, citronniers,
                         arbres à fruits de toute
                         espèce,
         1,200,000 — de vignes.
</pre>

Les mûriers seront en rapport ainsi que la vigne, les

oliviers et les autres arbres fruitiers commenceront à donner quelques produits.

4º Dès la cinquième ou sixième année, la colonie devra
posséder :

300 chevaux et poulains,

2,000 bêtes à cornes de tout âge,

4 à 5,000 moutons ou brebis,

environ 1,000 cochons,

8 à 10,000 pièces de volailles.

Outre 160 à 180 charrues, tout le matériel exigé par
les cultures et les transports sera complété et entretenu
dans un bon état de service.

Enfin, non seulement les travaux domestiques auront
pris tout leur développement dans des ateliers pourvus du
matériel nécessaire, mais encore, ainsi que nous l'avons
vu, les arts agricoles et manufacturiers auront déjà pris
une certaine importance et accru la richesse sociale, en
créant des produits destinés, soit à la consommation interne de la colonie, soit à la vente extérieure.

Pour amener la colonie à cette situation, nous pensons
qu'à la rigueur il suffirait de prélever chaque année une
partie des revenus pour acheter le peu d'objets que la
colonie ne produira pas elle-même, tels que les bois, les
fers, quelques étoffes, le café, le sel et autres choses de
moindre importance, et de consacrer à l'édification des
bâtiments d'habitation toute la main-d'œuvre laissée dis-
ponible par les travaux de culture, main-d'œuvre qu'on
peut évaluer devoir être portée, dans le cours de la quatrième année, à 150 ouvriers, dans la cinquième, à 200
ou 250, et dans la sixième, à 300 s'il est nécessaire;
mais nous devons admettre, d'après les calculs que nous
avons appliqués à l'accomplissement de la phase agricole,
que, celle-ci ne devant absorber que la moitié tout au
plus du capital d'un million, il restera environ 500,000

francs pour la phase industrielle qui pourra s'achever et être poussée vigoureusement, alors même que les revenus ne s'élèveraient pas à la somme que nous allons établir d'une manière approximative.

1° 400 hectares ensemencés en blé doivent produire annuellement 8,000 hectolitres, c'est-à-dire en trois ans, 24,000 hectolitres ; il faut en défalquer 1° les semences de trois ans, 2,400 hectolitres ; 2° la quantité nécessaire à la consommation des colons, et qui sera pendant la quatrième année, de 2,250 hectolitres, pendant la cinquième, de 3,150, pendant la sixième, 4,000. Total : 11,800, soit 12,000. Il restera donc à vendre 12,000 hectolitres qui, à 20 fr., donneront . . . . fr. 240,000

400 hectares ensemencés en orge produiront au moins 9,600 hectolitres annuellement, soit 28,800 hectolitres en trois ans. Il faut en retrancher pour semences et consommation 13,800 hectolitres environ, il restera 15,000 hectolitres qui, à 12 fr., donneront. 180,000

Nous ne porterons les autres produits en fourrages, légumes, fruits, etc., qui pourront être vendus pendant trois ans qu'à. 60,000

Le total du produit des cultures sera donc de 480,000

2° Le bétail devra déjà dans le cours de cette phase donner quelques revenus. Nous ne compterons pas ceux en chevaux ni en bêtes à cornes, parce que les élèves seront presque tous conservés pour porter les troupeaux au complet. Mais nous aurons à vendre, chaque année, au moins :

1° 1,000 à 1,500 moutons gras, soit, en trois ans, 4,000 seulement à 15 fr. . . . 60,000

2° 1,000 cochons, soit, en trois ans.

Report. . . 60,000

3,000 à 50 fr. 150,000

   3° 5,000 volailles chaque année, soit, en trois ans, 15,000 à 1 fr. 15,000

   4° Laitage, beurre, fromage, miel, cire, etc. 15,000

Total. 240,000

Nous pouvons donc compter en produits de culture et de bétail, pendant la deuxième phase, sur la somme de 7 à 800,000 fr., indépendamment de la consommation interne.

On remarquera que nous comptons pour rien les cultures arborescentes, dont plusieurs donneront cependant déjà quelques produits. Nous avons supposé également que la vigne n'aura fourni que la quantité de vin nécessaire aux habitants.

DE LA COLONIE ARRIVÉE A SON PLEIN DÉVELOPPEMENT.

Les calculs que nous venons de présenter, et qui, nous avons besoin de le redire, n'ont été arrêtés qu'après une étude approfondie et un examen répété de chaque point en particulier, nous conduisent donc à penser qu'au bout de six années d'efforts, la colonie sera peuplée, forte, riche et prospère ; sa population arrivée au chiffre de 1,500 personnes sera peu à peu élevée à celui de 1,800 ou 2.000 habitants. Ses cultures arrivées à un haut degré de perfection donneront tous les produits que la nature du sol pourra comporter en céréales, plantes légumineuses, fourrages et autres cultures. Les plantations commenceront aussi à fournir quelques produits , mais n'auront toute leur valeur qu'après une quinzaine d'années. Le bétail porté au plus grand complet possible ne

sera pas la source la moins importante de la richesse
sociale et , enfin , les travaux industriels ajouteront aux
matières premières produites ou achetées par la colonie,
une valeur commerciale qui doublera peut-être les résultats financiers de l'exploitation.

Si, franchissant les temps d'épreuve, nous nous trans-
portons par la pensée à vingt ans du début, on comprend
qu'il nous est impossible de faire aujourd'hui, par anti-
cipation, un inventaire exact de ce que la richesse sociale sera à cette époque, surtout dans l'un de ses éléments, dans celui qui tirera sa source de l'industrie de
fabrique ; mais nous pouvons sans trop de chances d'erreur estimer, dès à présent, quelle sera, suivant toutes les
vraisemblances, la moyenne annuelle du revenu agricole
de la colonie, abstraction faite de toutes les denrées vé-
gétales et animales consommées par 1,800 habitants.

1° 500 hectares semés en blé produiront pour
la vente environ 4,000 hectolitres à 20 fr.   80,000

2° 300 hectares semés en orge produiront pour
la vente environ 2,000 hectolitres (les
chevaux consommeront la plus grande
partie de l'orge), à 12 fr.   24,000

3° Les produits en légumes , pommes de
terre, etc., sont supposés devoir s'élever
à.   20,000

4° Les cultures spéciales de tabac, de coton,
d'indigo, etc., peuvent être évaluées au
moins à.   100,000

5° 25,000 mûriers alimentant la magnanerie
produiront au moins 25,000 kilogrammes
de cocons à 3 fr. le kilogramme. . .   75,000

6° 150,000 oliviers ne peuvent pas rapporter,
en moyenne, moins de 2 fr. chaque, c'est-

Total à reporter. . . . 299,000

	Report. . . fr.	299,000
à-dire		300,000
7° 100,000 autres arbres à fruits, à 1 fr. chaque.		100,000
8° 1,200,000 pieds de vigne.		20,000
9° 40 chevaux jeunes, produiront à la vente, à 400 fr. chaque.		16,000
10° 300 bêtes à cornes, vendues grasses, à 200 fr.		60,000
11° 2,000 moutons gras, à 15 fr.		30,000
12° 1,000 agneaux, à 5 fr.		5,000
13° 1,000 cochons, à 50 fr.		50,000
14° 20,000 pièces de volailles, à 1 fr. . .		20,000
15° laitage, beurre, fromage, miel, cire, etc.		20,000
	Total.	920,000

Si nous avions évalué le revenu brut, c'est-à-dire les produits consommés par les colons et les produits destinés à la vente, nous aurions trouvé le chiffre d'environ 1,600,000 fr. (1).

(1) Les prix qui ont servi de base aux calculs que nous avons présentés sur les dépenses et les recettes de l'entreprise ne sont que des prix approximatifs et non rigoureux. Ce sont des moyennes autour desquelles oscillent sans cesse les prix réels pour atteindre quelquefois, et à des intervalles très courts, des extrêmes très éloignés. C'est ainsi qu'on voit, à Oran, le prix d'un mouton varier, dans la même semaine, de 5 à 18 francs. Il n'y a pas de marché plus irrégulier que celui d'Oran, ville qui manque de tout, qui ne vit que des arrivages de France, d'Espagne, et dont le commerce suit nécessairement toutes les irrégularités de ces arrivages, qu'aucune intervention de l'autorité ne dirige et ne combine de manière à ce que d'abondants approvisionnements puissent prévenir ces fluctuations si fâcheuses pour le consommateur. D'ailleurs, ces circonstances ne sont pas de nature à porter préjudice aux opérations de l'*Union agricole*, qui seront toutes conduites de manière à tirer parti de ces fluctuations pour la vente des produits aussi bien que pour les achats. Nous prions les

Quant aux produits des fabriques , il ne nous est pas possible de poser un chiffre quelconque. Les résultats varieront suivant trop de circonstances inappréciables pour nous dans ce moment. Mais ces produits ne valussent-ils qu'une somme égale aux produits agricoles, on voit que le revenu annuel serait de près de deux millions, indépendamment du logement et de la nourriture. Il n'en faudrait que la moitié pour assurer le bien-être et l'ordre dans la colonie.

DES OBSTACLES ET DES SINISTRES A CRAINDRE.

Pour juger aussi sainement que possible la portée de l'entreprise importante dont nous venons de dérouler les résultats futurs, pour peser sagement les chances de succès et celles d'insuccès auxquelles on doit s'attendre, il ne faut exagérer ni les conditions favorables dans lesquelles on a l'espoir d'être placé, ni les obstacles qui peuvent les combattre. Nous croyons qu'au point de vue des conditions internes le système de l'UNION AGRICOLE renferme tous les germes d'une bonne organisation, et que plus les hommes intelligents et éclairés voudront le soumettre à une étude sérieuse , plus ils partageront complètement nos convictions. Notre espérance est fondée , nous ne craignons pas de le dire, sur l'approbation que ce système a obtenue des hommes d'état dont la France s'honore le plus, et dans l'assentiment que lui ont donné plusieurs

personnes qui mettraient en doute la justesse approximative de nos calculs, de recourir aux documents officiels et à des renseignements particuliers avant de nous contredire. Nous n'avons posé aucun chiffre sans l'avoir étudié sérieusement, et tout en admettant que nous ayons pu tomber dans quelques erreurs, nous sommes persuadés qu'elles ne sont ni graves, ni nombreuses.

personnages éminents de l'administration civile et militaire. Une lecture superficielle de nos statuts que leur
forme peu explicative réduit souvent à n'être qu'une
lettre morte, a pu faire tomber dans certaines méprises,
et conduire quelques personnes à traiter d'utopie des idées
simples, mais un peu nouvelles qu'il fallait mieux étudier
pour les comprendre. Mais partout où nous avons ren-
contré des hommes exempts de prévention et disposés à
examiner avant de juger, nous avons réussi à faire par-
tager notre confiance dans l'application des véritables
principes de l'association à la colonisation de l'Algérie.

Ce serait peu, toutefois, que ce système fût capable de
réaliser toutes les conditions intérieures d'ordre et de
bien-être pour les colons, s'il ne devait créer aussi les
moyens de vaincre les obstacles extérieurs que la colonie
peut rencontrer à son développement. Les plus redouta-
bles sont la guerre et les fléaux engendrés par les intempéries. Jetons un coup-d'œil rapide sur ces dangers pour
en apprécier la portée et les probabilités.

La guerre avec les indigènes, en admettant qu'elle se
prolonge encore quelques années, ira toujours en s'affaiblissant, et le théâtre des hostilités s'éloignera de plus en
plus de la côte et des centres constitués par une population européenne. C'est ce qui s'est réalisé depuis le dernier soulèvement; tous les engagements ont eu lieu à une
distance considérable des points occupés par les Français,
sans que les Arabes aient pu exercer la moindre dévastation et la plus petite razzia sur les propriétés des
colons établis dans les trois provinces. On sait, d'ailleurs, à moins qu'on n'ait par pusillanimité un parti pris
de tout ignorer, que le plus faible retranchement dé-
fendu par un petit nombre d'hommes bien armés, peut
résister aux Arabes réunis en nombre indéterminé. Les
annales de la guerre d'Afrique surabondent de faits pro-

bants à cet égard. Il suffira donc à notre population, portée rapidement à plusieurs centaines de personnes de se tenir sur ses gardes, et d'organiser quelques moyens de surveillance, tels qu'une vigie établie sur le point le plus élevé du territoire, ou dans le clocher de l'église pour avertir, en cas de danger, par un signal connu, les colons disséminés pour les travaux sur divers points de la propriété. Ces moyens de sûreté suffiraient alors même qu'on aurait à résister à une insurrection soudaine, et le meurtre par surprise de quelques travailleurs éloignés des habitations deviendra plus difficile que dans les circonstances ordinaires, parce que ces travailleurs seront ordinairement réunis en groupes et pourront avoir des armes à leur portée. Quant à une attaque de vive force contre le village, on peut être certain qu'elle n'aura jamais lieu ; un obusier à chacun des angles de l'enceinte, quelques fusils de rempart tiendront toujours l'ennemi à une distance respectueuse. Mais, dira-t-on, si la vie des colons est garantie, qui peut répondre que les récoltes ne seront pas ravagées, les arbres coupés, les meules de foin incendiées, etc. ? Sans doute, en état de guerre tout est possible, mais tout cela est peu probable dans la plaine du Sig, placée, sous ce rapport, comme sous beaucoup d'autres, dans des conditions extrêmement favorables que nous allons bientôt indiquer en détail.

On peut dire que des divers fléaux résultant plus ou moins directement des intempéries climatériques, un seul, en Algérie, est vraiment redoutable, c'est l'invasion des sauterelles. Mais heureusement cet ennemi ne se présente que de loin en loin, et n'envahit pas d'ordinaire une grande étendue de terres. Ces insectes ont causé de grands ravages dans le cours de l'année 1845 ; non seulement, ils détruisent les végétaux herbacés et les parties foliacées des arbres, mais encore les jeunes pousses, les

petites branches et l'écorce des troncs sont souvent dévo-
rées dans un court espace de temps. On a vu, dans les
environs d'Alger, des plantations de mûriers presque
complétement anéanties. Voilà donc une cause de sinistres
contre laquelle la puissance des hommes lutte vainement,
et qu'il faut faire entrer en ligne de compte lorsqu'on
veut examiner impartialement les chances de succès ou
d'insuccès d'un établissement agricole en Algérie. Nous
nous bornerons à ajouter qu'heureusement le fléau des
sauterelles est un accident exceptionnel qui ne se montre
d'ordinaire qu'à des intervalles éloignés, et dont on trouvera peut-être un jour le moyen de se garantir.

On sait qu'en France, et, en général, dans les pays
tempérés, il y a environ trois mauvaises récoltes sur dix
par l'effet des intempéries atmosphériques. En Afrique,
les bonnes récoltes sont plus constantes. Une sécheresse
extraordinaire peut seule tromper l'espérance de l'agri-
culteur, là où la terre ne reçoit que les eaux de la pluie ;
mais partout où des irrigations sont possibles, la sécheresse est en très grande partie annihilée et n'a pas des
conséquences à beaucoup près aussi fâcheuses que nos
hivers de France, si souvent prolongés et quelquefois rigoureux. On s'exagère singulièrement, en général, faute
d'études sur ce point, les inconvénients de la sécheresse
en ce qui concerne les fourrages et le pâturage.

En effet, les sécheresses ordinaires ne sont fortes que
pendant trois ou quatre mois au plus, ceux de juillet,
août, septembre et quelquefois octobre. Pendant tout le
reste de l'année, le bétail trouve sa nourriture dans les
pâturages. Or, ces trois ou quatre mois pendant lesquels
les bestiaux doivent vivre à l'écurie sont largement com-
pensés en France par nos quatre à cinq mois d'hiver. Les
inconvénients d'un été chaud et sec ne se font sentir
cruellement que chez les Arabes qui ne récoltent jamais

aucun fourrage et ne font pas la moindre provision pour
nourrir leurs troupeaux. Mais les colons qui sauront donner à leurs prairies toute la puissance productive dont
elles seront susceptibles, et en même temps cultiver les
fourrages artificiels, se mettront facilement en mesure
d'entretenir leur bétail à l'époque de l'année où il ne
pourra trouver sa principale nourriture dans les champs.

En résumé, nous partageons l'opinion des hommes qui
ont étudié sérieusement l'Algérie, et nous pensons comme
eux que les revenus agricoles doivent y être plus considérables, plus réguliers, plus constants qu'ils ne le sont, en
général, en France. La culture des céréales, même entre
les mains de l'Arabe qui la connaît et la pratique si mal, y
donne constamment des produits satisfaisants ; les fourrages naturels y sont très abondants surtout quand les irrigations sont possibles ; la culture maraîchère aux environs
des villes y est aussi lucrative qu'autour de Paris et des
grandes villes de France ; l'olivier ne gèle jamais en Algérie, et, convenablement cultivé, il fournira des récoltes
doubles ou triples des meilleures récoltes de la Provence ;
la vigne doit produire d'excellents vins plus ou moins
semblables à ceux d'Espagne et de Madère ; enfin, les
cultures spéciales du coton, du tabac, du colza, du lin,
du chanvre, du nopal, du mûrier, de l'oranger, du figuier, de l'amandier et autres arbres fruitiers doivent devenir, en Afrique, les sources d'une richesse agricole bien
supérieure à celle des exploitations rurales les plus pros-
pères que possède la France.

La plaine du Sig nous paraît offrir l'ensemble de toutes
les conditions propres à amener les résultats généraux
que nous venons d'indiquer, et, comme dès aujourd'hui
les promesses du gouvernement nous permettent de compter
sur la concession d'un terrain de 3000 hectares dans cette
localité, nous allons faire connaître avec quelques détails

la situation de cette plaine, les ressources qu'on y trouve en matériaux de construction, la nature de son sol et les avantages qu'elle retirera du barrage du Sig et des irrigations.

DESCRIPTION DE LA PLAINE DU SIG OÙ LA SOCIÉTÉ A DEMANDÉ A S'ÉTABLIR.

Cette description sera textuellement empruntée aux documents que nous nous sommes procurés, et d'après lesquels la Société s'est décidée à demander un terrain sur les bords du Sig. Nous allons commencer par le récit de la première exploration des lieux faite par M. le capitaine Gautier, vers la fin de décembre 1845.

*Le capitaine Gautier à MM. les membres du Conseil d'administration de l'*Union agricole d'Afrique.

Oran, le 10 janvier 1846.

Messieurs,

« J'ai à vous rendre compte de mon voyage et à vous donner mon opinion motivée sur les terrains du Sig, localité dont je me suis occupé souvent, depuis mon séjour à Oran. Je vous exposerai succinctement ce que j'ai remarqué, les renseignements que j'ai recueillis, et l'impression que j'ai rapportée de mon excursion.

« J'ai consulté toutes les personnes à même, par leur séjour au Sig, la nature de leurs occupations, leurs relations, etc., de m'éclairer sur ce que je voulais savoir. Je

regarde comme devant être à vos yeux d'un très grand
poids, et vous permettre de décider en pleine et entière
connaissance de cause, l'extrait d'un rapport officiel sur
l'utilité du barrage, par M. le capitaine de Vauban, chef
du génie de la province d'Oran, et une lettre que m'a-
dresse M. le capitaine Pierre, sous-directeur d'artillerie
de ladite province, en réponse à une série de questions
que je lui ai adressées, avec prière de me donner son
opinion sur les projets qui nous occupent. M. Pierre, tant
par la nature de ses convictions que par les dispositions
de son esprit investigateur, et par l'autorité que donnent à sa parole un long séjour dans le pays, et ses relations continuelles avec les hommes de théorie et de pratique qui travaillent sérieusement ici, est en mesure d'é-
mettre une opinion digne de toute votre confiance. Avec
le rapport de M. Pierre et celui de M. de Vauban,
je joins à ma lettre une petite carte topographique de
la partie du territoire de la province comprise entre Oran,
Mascara et Mostaganem, et le plan de la portion de la
plaine qui est naturellement désignée pour les premiers
établissements à fonder. Sur ces cartes, j'ai tracé la concession à demander, dans le cas où vous en décideriez
ainsi, et le point où devrait s'asseoir la commune ; deux
choses que les localités désignaient invariablement, par
la nature même des pentes, des terrains, la proximité du
canal principal, des matériaux à bâtir, du bois indispensable, etc. ; on comprendra aussi qu'il était nécessaire de
pouvoir arriver jusqu'au lit du fleuve, sans quitter son
territoire.

« Pour vous donner une idée complète des distances,
des lieux, etc., je vais vous dire rapidement comment j'ai
employé mon temps, et ce que j'ai fait, depuis le moment où je suis sorti d'Oran jusqu'à ce que j'y suis
rentré.

« Le 28 décembre, à 6 heures du matin, je me suis mis en route avec mon ordonnance, un officier du bureau arabe, et quelques cavaliers que M. le colonel Walsin-Esterhazy mit à ma disposition pour cette exploration. Nous n'arrivâmes à Saint-Denis du Sig qu'à six heures du soir, bien que le trajet d'Oran au Sig soit tout au plus de quarantehuit kilomètres. Ce retard vient de ce que nous nous sommes arrêtés au *Figuier*, au *Tlélate*, et dans quelques douars arabes, pour visiter les localités (voir les cartes). La route d'Oran au Sig par le *Figuier* et le *Tlélate* est carrossable ; elle était très belle ce jour-là ; il faisait un temps magnifique. Bien qu'on n'ait encore fait aucun grand travail d'empierrement sur cette route, ce qui va se faire, dit-on, elle est déjà très bonne, au moins pendant neuf mois de l'année ; c'est du reste l'unique grande route d'Oran à Mascara que suivent les convois.

« Le lieu nommé le *Figuier* se trouve à douze kilomètres d'Oran : c'est un ancien camp en grande partie abandonné, et où se sont groupés quelques colons qui cultivent et nourrissent des bestiaux. Il y a aussi au *Figuier* un parc au bétail de l'administration et des meules de fourrage. Cet endroit manque d'eau, fâcheux empêchement à son développement. Dans ce moment, le gouvernement y fait forer un puits artésien, qui a déjà une trentaine de mètres de profondeur.

« Le *Tlélate*, qui est à peu près à seize kilomètres du *Figuier*, est aussi un point sur lequel nos troupes ont campé longtemps, et où il n'y a plus aujourd'hui qu'une maison et des hangards, habités par un colon et sa famille. Le *Tlélate* se trouve à l'extrémité-est de la plaine de ce nom, sur la lisière du bois Mouley-Ismaël. Ce lieu où plusieurs concessions ont déjà été faites, paraît destiné à devenir un centre de population ; je crois cependant qu'il manque d'eau dans les grandes sécheresses, bien qu'il y passe une petite rivière (le *Tlélate*). Les Arabes des tribus environnantes ont choisi cet endroit pour y tenir un marché de [bestiaux qui avait lieu le jour où nous y sommes passés.

« Pour se rendre du Tlélate au Sig, on coupe le bois Mouley-Ismaël sur une largeur de plus de huit kilomètres, et l'on débouche à la partie supérieure de la plaine du Sig, à environ sept kilomètres du fleuve. Le bois Mouley-Ismaël, qui peut avoir dix mille hectares de superficie, ne renferme que des arbres rabougris, tout-à-fait impropres aux constructions. Ce sont en partie des oliviers sauvages, des caroubiers, etc., et d'épaisses et hautes broussailles : du reste, vu la forte couche de terre excellente, dont son sol est composé, on est autorisé à croire qu'un jour Mouley-Ismaël sera un bois de haute futaie magnifique.

« A la sortie du bois, lorsqu'on se trouve sur le penchant des côteaux qui partent du barrage, longent la plaine du sud au nord, en la limitant à l'ouest, le bassin du Sig se présente immense à la vue ; on voit, vers la droite, le fleuve qui s'échappe de son défilé escarpé, pour le couper à peu près en deux parties égales, en le parcourant presque en ligne droite du sud au nord, et aller se réunir à l'Habra, à l'extrémité de la plaine, pour former la Macta, qui a tout au plus douze kilomètres de cours avant de se jeter dans la mer au *Port-aux-Poules*. En face, on aperçoit le pont du Sig, et, à son extrémité, sur la rive droite, le camp avec ses retranchements qui font tête de pont, et le village de St-Denis qui lui est contigü à l'est. La route de Mascara, se déroulant à vos pieds, arrive au pont, traverse le camp, le village, et s'achemine, à peu près perpendiculairement au fleuve, vers le sud de la plaine, à douze ou quinze cents mètres du pied des hautes montagnes qui limitent le bassin du Sig de ce côté : ensuite, après un trajet de huit à douze kilomètres dans les terres, la route se dirige, en tournant à droite, vers une coupure que présentent les montagnes à l'horizon, et disparaît. Après cette inflexion des crêtes, les montagnes tournent à gauche pour borner les terres et la vue à l'est, et vont en mourant s'incliner vers le confluent du Sig et de l'Habra, où elles font place à des plaines, à des marais et des bois, et alors la vue a pour horizon les montagnes de Mostaganem, de Mazagran, etc., qui se prolongent le long de la mer jusqu'à l'embouchure de la Macta. Au milieu de la plaine du Sig, sur la rive droite, s'aperçoit un bois qui a trois à quatre mille hectares de superficie. On aperçoit aussi des marabouts disséminés par-ci, par-là, dans tout le bassin, quelques ruines sur le flanc des montagnes, et es tentes des Arabes qui cultivent une partie de la plaine, moyennant un revenu qu'ils paient aux domaines.

« Cette brève description du panorama de la plaine du Sig qui s'offre à la vue, lorsqu'on débouche de la forêt Mouley-Ismaël, ne peut donner qu'une idée imparfaite de l'admiration qu'on éprouve à l'aspect de cet immense bassin, mais les plans ci-joints y suppléeront.

« Comme je l'ai dit, nous arrivâmes à St-Denis à six heures du soir.

« St-Denis-du-Sig est un village enceint d'un fossé et d'un parapet en terre, comme ceux que je propose, fondé il y a près de deux ans, et qui n'a encore que quatre à cinq colons qui y ont fait quelques bâtisses, et n'ont guère vécu jusqu'à présent que du métier d'aubergiste, de vendeur, ou de l'argent qu'ils avaient, car ils ont peu cultivé, faute de bras et de bestiaux ; il est vrai de dire que St-Denis n'a pas encore d'eau, et qu'on est obligé de descendre dans le lit du Sig pour en avoir un verre ; il a donc été de toute impossibilité d'arroser, chose nécessaire pour le jardinage. Les colons de ce village ont cependant cul-

tivé un peu de céréales qui ont étonné par leur rendement prodigieux. M. le colonel Walsin, ainsi que plusieurs
autres personnes, m'ont dit que le froment avait donné
vingt-quatre fois la semence. L'officier du génie qui dirige
les travaux d'irrigation, m'a dit qu'il allait faire une
prise d'eau au canal principal, pour alimenter St-Denis
et son territoire; ce qui va de suite appeler les colons
sur ce point. La superficie des terres réservées à ce village
est d'environ deux mille hectares (voir la carte).

« Au dessus du barrage, sur le Sig, il y a des villages dont
les habitants (Garabas) cultivent le sol; ils portent à Oran
des figues, des oranges, de l'huile, etc., et aussi des raisins,
m'a-t-on dit. Je n'ai pas besoin de vous dire que ces
indigènes ne peuvent pas nous être hostiles, de même que
tous ceux qui se fixent sur le sol. La grande tribu des
Garabas, au milieu de laquelle se trouve la plaine du Sig,
nous est restée soumise parce qu'elle cultive beaucoup,
et que le marché d'Oran l'enrichit.

« Entre le village et le Sig se trouve enchassé le camp
qui se compose de quelques baraques et de tentes, sous
lesquelles vivent dans ce moment environ deux cents sol-
dats de toutes les armes, qui sont là pour travailler aux
travaux d'irrigation; le camp comme le village est entouré d'un ouvrage en terre. L'administration a là aussi
un petit parc aux bestiaux et un magasin aux fourrages.

« Vous voyez que St-Denis-du-Sig n'existe encore véri-
tablement qu'en projet, excepté cependant un très beau
pont que l'artillerie y fit, il y a deux ans, et qui existe
bien en réalité.

« Je suis resté dans la plaine du Sig depuis le 28,
au soir, jusqu'au 31, au matin. Ce temps a été employé
à courir, tant à pied qu'à cheval, pour reconnaître d'abord
l'ensemble des lieux, examiner le barrage, tous les travaux d'irrigation, pour apprécier les distances et les pentes,

etc., et ensuite à revoir tout en détail, à consulter les indigènes, les colons et tous ceux qui ont un peu examiné la localité. L'officier du génie, chargé des travaux d'irrigation, et le capitaine commandant le camp depuis deux ans, ont eu l'obligeance de nous accompagner et de nous aider de leur connaissance complète du pays. Les journées des 29 et 30 ont été magnifiques. La plaine était couverte par-ci, par-là, de troupeaux arabes et d'indigènes qui labouraient et semaient. Le 30, au soir, la pluie a commencé à tomber, et a continué toute la nuit, et, le 31, à sept heures du matin, nous nous sommes remis en route par une pluie assez forte qui, néanmoins, n'empêchait pas les Arabes de labourer et de faire paître leurs troupeaux comme à l'ordinaire. Pour revenir, et dans le but de compléter notre connaissance du pays, nous avons pris un autre chemin. En quittant St-Denis, nous avons suivi la rive droite du Sig pendant sept à huit kilomètres, nous l'avons traversé au dessous du bois, et nous nous sommes dirigés sur notre gauche pour aller rejoindre la route d'Oran qui passe à la pointe du lac. Nous avons eu pendant tout le trajet une pluie battante qui nous a suivis jusqu'à Oran, où nous sommes arrivés à trois heures de l'après-midi. Le lendemain, premier jour de l'an, le ciel était pur et le soleil chaud comme il est en France, dans les beaux jours de juin, ce qui explique cette belle végétation qui couvre déjà une partie de la plaine du Sig.

« Le résultat de mes recherches, des renseignements que j'ai pu recueillir, et des déductions que je me suis cru en droit d'en tirer, me font regarder comme démontré :

« 1° Que toute la partie de la plaine du Sig qui se trouve sur la rive droite de ce fleuve est destinée aux colons européens ; la rive gauche est réservée aux tribus indigènes qui devront faire elles-mêmes leurs canaux d'irrigation, sous la direction du génie militaire ;

« 2° Que le territoire du village de St-Denis est jusqu'à présent la seule partie de la plaine ou concédée ou
réservée ;

« 3° Que le débit du Sig dans ses plus basses eaux,
n'est jamais moindre d'un mètre cube par seconde, soit
quatre-vingt-six mille mètres cubes par vingt-quatre
heures ;

« 4° Que le barrage fait par le génie militaire à la
naissance du bassin, est construit de manière à durer des
siècles, et à donner à la plaine toute l'eau que débite
le Sig ;

« 5° Que le canal de dérivation de la rive droite a déjà
près de huit kilomètres de développement, que toutes les
difficultés des travaux de terrassement, d'entassement, etc.,
étant déjà surmontées, ce canal peut et doit avoir de douze
à quinze kilomètres de longueur, avant six mois d'ici, et
que sa construction et sa nature sont telles, qu'il sera d'un
très petit entretien ; il faudra seulement le surveiller ;

« 6° Que le canal est dirigé de manière à pouvoir
arroser toute la partie sud de la plaine qui se trouve à la
droite, peut-être sept à huit mille hectares. Que les prises
d'eau sont très faciles à faire, les canaux d'irrigation aisés
à ouvrir et à conduire partout où l'on voudra, vu la nature des terres et l'uniformité de la pente qu'elles ont ;

« 7° Que le canal est assez élevé pour permettre de
faire, à peu de distance, des chutes d'eau de deux à trois
mètres ;

« 8° Que les terres qui sont sur la rive droite du canal, entre lui et le pied des montagnes, et qui ne sont
pas arrosables, paraissent être de première qualité, comme
toute la plaine ; que les Arabes les cultivent et y obtien-
nent de très beaux blés, sans les fumer ; que les grandes
ruines qui s'y rencontrent, ainsi que les jardins arabes,
font croire que ces terrains seront précieux pour la vigne.

l'olivier, pommes de terre, etc., etc. ; la couche de terre étant épaisse, les plantations pourront *raciner* très profond, et supporter ainsi parfaitement les grandes chaleurs sans être arrosées ;

« 9° Que le sol de la plaine du Sig est une terre d'alluvion de première qualité, au dire de tout le monde, qu'elle m'a paru telle, et que sa couche est généralement de plusieurs mètres d'épaisseur ;

« 10° Que les gens du pays ainsi que les colons prétendent qu'avec de l'eau on peut tout cultiver et tout faire venir à profusion dans la plaine du Sig (oliviers, orangers, citronniers, figuiers, cotonniers, amandiers, abricotiers, tabac, etc., etc.). *Avec de l'eau*, dit un vieux proverbe arabe, *on ferait pousser des cailloux sur cette terre* ;

« 11° Que les ruines de Bordji-chalabi, indiquées sur le plan, conservent les traces et les meules d'un moulin à huile que les Beys y avaient fait établir pour la récolte des olives ;

« 12° Que toute la partie des terres qui avoisinent le canal d'irrigation sur la gauche est couverte de restes d'oliviers donnant des rejetons dont on pourrait immédiatement tirer un grand parti. Il y reste aussi des troncs d'arbres et de buissons que je ne connais pas, ce sont peut-être des cotonniers. Les anciens Arabes du pays affirment qu'ils se rappellent parfaitement l'époque où la plaine était blanche à la floraison comme le sont les hautes montagnes couvertes de neige. « L'oranger, le citronnier, le figuier doivent aussi y pousser à merveille ;

« 13° Que, entre autres ruines, j'ai trouvé dans la plaine deux puits assez rapprochés l'un de l'autre, n'ayant pas d'eau ; l'un m'a paru avoir vingt-cinq mètres, l'autre quinze, ce qui prouve qu'il faudra descendre assez bas pour trouver l'eau, si l'on veut se mettre à l'abri d'un accident arrivé momentanément au canal. Toutefois, la configuration du pays fait supposer que les puits artésiens seront faciles à faire ;

« 14° Que le foin et le pâturage y réussiront au delà de toute espérance, que tous les légumes et toutes les céréales y viendront en abondance. Les terres paraissent très faciles à labourer. Les Arabes le font avec un cheval, ou un bœuf, ou un âne. Du reste leur charrue est très légère et leurs sillons peu profonds, c'est dans ce moment qu'ils labourent et sèment. Ils jettent d'abord le blé ou l'orge sur la terre, et labourent ensuite ; voilà tout leur travail de culture. Ces terres tiennent le milieu entre la terre légère et la terre forte, et cependant toute la plaine semble couverte d'une couche de terreau. »

Voici en second lieu un extrait du rapport que M. Pierre, sous-directeur de l'artillerie, à Oran, a bien voulu rédiger à la demande du capitaine Gautier.

« La plaine du Sig, placée à peu près à égale distance d'Oran et de Mascara, présente-t-elle la sécurité nécessaire à un établissement agricole ? Telle est, ce me semble, la première question à étudier dans l'examen qui nous occupe. Posée, il y a quatre mois, (1) cette question eut été résolue affirmativement presque à l'unanimité. Aujourd'hui plusieurs hésiteraient, quelques-uns même pencheraient pour la négative. Pour moi qui ai confiance dans l'avenir de l'Algérie, je me prononcerai positivement pour l'affirmative ; non pas toutefois que je regarde la levée de boucliers qui vient d'avoir lieu dans la province, comme le dernier effort de la résistance que nous opposeront les Arabes ; mais, par la force des choses, cette résistance doit aller en diminuant, quelle que soit la ligne

(1) Ceci a été écrit au commencement de janvier 1846.

de conduite adoptée par l'autorité pour l'anéantir complètement. Ceci tient simplement à ce que la France peut opposer une force sans cesse renaissante à une résistance dont les éléments restent constamment les mêmes, ou ne peuvent se recruter d'aucune manière. Quel que soit le fanatisme des peuplades arabes, quelque ténacité qu'elles montrent dans la lutte engagée contre nous, on ne peut nier que la lassitude ne les gagne, et que leurs efforts ne perdent en intensité et en ensemble. L'insurrection de 1845 n'a point eu la portée de celle de 1839. Les tentatives suivantes, car il est probable que celle-ci ne sera pas la dernière, iront en s'affaiblissant, jusqu'à ce qu'on arrive à une soumission réelle qui résultera de la disparition de la plus grande partie des populations arabes refoulées par notre colonisation sur d'autres territoires. Peu importe ici combien il faudra de temps, d'hommes ou d'argent pour atteindre ces résultats, pour moi il est indubitable. Je me crois donc autorisé à conclure que, sous le rapport de la sécurité, l'état du pays ira en s'améliorant, d'une manière lente, il est vrai, mais sûre.

« Remarquons en outre, dans la question spéciale qui nous occupe, que malgré la fermentation qui a paru régner quelque temps parmi les Garabas, tribu qui occupe la plaine du Sig, aucune démonstration hostile n'a été faite par eux, même au plus fort de la dernière insurrection. L'emplacement que vous avez choisi est de plus contigu à un centre de population établi par le gouvernement et qui aura toujours son appui. Il est voisin d'un poste où, en cas de danger, seront toujours réunies des forces suffisantes pour protéger les environs. La permanence de ce poste paraît assurée par la nécessité de maintenir libre la communication d'Oran à Mascara, de couvrir les ponts jetés sur cette route, ainsi que les canaux d'irrigation appelés un jour à féconder toute la plaine.

« Je crois donc ne me faire aucune illusion en affirmant
que l'établissement projeté, conçu sur une grande échelle,
entouré d'une bonne enceinte, comptant dès le début au
moins une centaine d'hommes valides et susceptibles de se
défendre énergiquement derrière des remparts, ne sera,
même dans les plus mauvais moments, jamais en danger
d'être attaqué de vive force par les Arabes, à qui toutes ces
circonstances seront connues; que les plus mauvaises chances qu'il aura à courir, seront l'enlèvement de quelques
troupeaux et la dévastation de quelques moissons situées
aux extrémités les plus éloignées du territoire. Ces acci-
dents, je le répète, ne peuvent même être prévus que dans
les crises qui, comme nous l'avons dit, doivent devenir de
plus en plus rares et dont le rayon d'action s'éloignera de
plus en plus de nos centres de population.

« Cette position, d'ailleurs, que nous venons de décrire
avec une entière franchise, était celle de tous les pays
frontières de l'Europe, il y a deux ou trois siècles à peine ;
c'était celle des basses terres de l'Écosse, il y a moins de
cent ans ; c'est enfin une complète sécurité, si on la com-
pare à celle de ces audacieux pionniers de l'Amérique
septentrionale, qui vont établir leur cabane à quelques
centaines de lieues de la civilisation, au risque d'être scal-
pés par les Sauvages.

« La plaine du Sig est, au dire de tous ceux qui l'ont
examinée, sous le rapport agricole, d'une extrême fertilité.
Cette fécondité sera sous peu assurée de la manière la plus
certaine, par les travaux d'irrigation actuellement en cours
d'exécution. On sait, en effet, qu'en Algérie, surtout près du
littoral, la seule mauvaise chance que l'on ait à courir, dans
presque toutes les cultures, est celle de la sécheresse. La
gelée, la neige, les pluies intempestives y sont inconnues.
Si le sol est bon, pourvu qu'il soit arrosé, dans les années
sèches, il donnera toujours une abondante récolte. On peut

donc faire entièrement abstraction des mauvaises années, fléau si redoutable pour l'agriculture dans les régions plus septentrionales.

« On a donc la certitude de réussir dès le début dans les cultures auxquelles se livre avec plus ou moins de succès tout le midi de la France, savoir : les céréales, les prairies naturelles ou artificielles, la vigne, l'olivier, le mûrier. Plus tard on pourra très probablement en entreprendre d'autres, moins nécessaires sous le rapport de la consommation ou de la vente immédiate, mais qui après des études ou des essais préalables, devront procurer des bénéfices considérables. Parmi celles-ci nous placerons au premier rang le tabac et le coton. Il suffit toutefois qu'au début on soit assuré de produire en grande quantité des denrées suffisantes pour la consommation des colons ou d'un débouché facile sur les lieux mêmes. Le canal d'irrigation placé à plusieurs mètres au dessus de presque tout le territoire que nous avons en vue, donnera une chute d'eau plus que suffisante pour l'établissement des moulins et autres usines indispensables à une grande exploitation. Placée à une distance presque égale d'Oran et et de Mascara, la colonie pourra facilement expédier ses produits sur l'un ou l'autre de ces deux centres ; la route qui réunit ces deux villes, traversant son territoire, elle pourra conclure avec l'administration des marchés pour la fourniture du pain, de la viande et du vin nécessaires aux troupes et aux convois qui sillonnent incessamment cette direction. Cette route toutefois, disons-le, n'est pas comparable aux grandes routes de la France. Du côté de Mascara, elle sera peu praticable pendant trois mois de l'année. Du côté d'Oran, elle sera toujours abordable, quoiqu'avec quelques difficultés pendant la saison des grosses pluies. Telle qu'elle est, elle paraît encore fort supérieure à la plupart des chemins vicinaux du centre de la France. D'ailleurs les progrès appellent les progrès, et je ne crois pas en exagérer la rapidité en estimant que dans cinq ans la voie d'Oran à Mascara sera macadamisée, et en aussi bon état d'entretien que les routes départementales de la plupart de nos provinces.

« Sous le rapport des constructions, le terrain n'a pas encore été suffisamment étudié pour qu'on soit certain de trouver à proximité tous les éléments nécessaires à la bâtisse (1).Toutefois la proximité de la chaîne de montagne ou l'on a trouvé à peu de distance tous les matériaux nécessaires à la construction du barrage du Sig fait auggrer très favorablement sur ce point : peut-être cependant faudrait-il s'assurer positivement de la présence des calcaires nécessaires pour fournir de la pierre de taille, du moellon et de la pierre à chaux. L'abondance des terres propres à la confection des tuiles et des briques, paraît bien constatée. Le bois situé à l'extrémité nord du territoire, et dont une partie notable devra être comprise dans la concession suffira pour la préparation de la chaux et pour la consommation de la cuisine. Pour compléter les éléments nécessaires à la création matérielle d'un village, il ne paraît plus manquer que les bois de construction. Ici, vous le savez, sur presque tout le littoral de l'Algérie, le pays ne pourra de longtemps se suffire à lui-même. Il faut donc avoir recours à l'Europe. L'augmentation de dépense qui en résulte n'est cependant pas énorme. Achetés en gros, les sapins du Nord et de Trieste reviennent sur la côte à un prix fort inférieur à celui de ce bois, dans presque toute la France. Ce prix sera, il est vrai, notablement augmenté par le transport d'Oran ou d'Arzeu à l'emplacement désigné ; mais conduite avec à-propos et prévoyance, cette opération ne sera point encore très onéreuse. Ce sera ici

(1) Voir plus loin à la page 118.

le lieu d'examiner si, à certaine époque de l'année, on ne pourrait débarquer ces bois, ainsi que beaucoup d'autres approvisionnements au fond du golfe d'Arzeu, à l'embouchure de la **Macta**. Le trajet à parcourir par terre serait abrégé presque de moitié, et le sol de la plaine est assez solide et assez uni pour que des voitures puissent le parcourir facilement, pendant toute la belle saison.

« L'irrigation sera, comme nous l'avons observé, une des principales sources de prospérité de l'établissement projeté. Remarquons, à ce sujet, qu'il sera indispensable de faire entrer cette condition, comme clause essentielle dans l'acte de concession. Comme on connait le débit du Sig pendant l'étiage, on devra être assuré de la jouissance incontestée d'une portion de cette eau nécessaire à l'irrigation des cultures qui en auront habituellement besoin, et à la consommation des habitants, les puits et les citernes qui ne pourront d'ailleurs être construits au début, ne devant être considérés que comme des réserves auxquelles on n'aura recours que dans certains cas extrêmes. Il serait bien utile de voir la police du canal et l'aménagement des eaux parfaitement garantis par l'autorité supérieure, sans quoi des perturbations pourraient à chaque instant se faire sentir par suite de la négligence et du mauvais vouloir des autres riverains. Dans tout ce qui vient d'être dit sur la sécurité que peut offrir la plaine du Sig, et sur les avantages que présente le point désigné pour une grande exploitation, nous croyons n'avoir rien avancé d'arbitraire ni d'hypothétique. »

Le troisième document, que nous allons mettre sous les yeux de nos lecteurs, se compose d'extraits d'une *Notice accompagnant le projet et les plans du barrage d'irrigation, par* M. DE VAUBAN, *capitaine du génie, chef du service du génie militaire de la province d'Oran. Cette Notice* est du 4 mai 1844, époque à laquelle les travaux qu'elle concerne ont commencé.

« Bien que sur le sol de nos possessions africaines la quantité d'eau qui tombe varie chaque année , les pluies ne commencent jamais avant le mois d'octobre, viennent souvent beaucoup plus tard, et ne se prolongent pas au delà des premiers jours de mai ; et de plus entre ces deux époques règnent des séries de beaux jours d'un mois et plus ; les premières pluies généralement fines, à peu près comme en France, détrempent la terre desséchée par les chaleurs, la saturent complètement ; puis, quand viennent les grosses pluies de l'arrière-saison, l'eau coule des montagnes dans les ravins en glissant sur le sol, forme des torrents impétueux, qui se précipitent dans la plaine où ils rencontrent une terre généralement légère et friable, ils s'y creusent alors un lit d'une largeur et d'une profondeur qui étonnent ; et l'on a peine à concevoir, dans les jours brûlants de l'été, comment ces immenses anfractuosités qui ne présentent qu'un mince cours d'eau, sont, plusieurs fois par an, à peine suffisantes pour contenir les masses d'eau qui les parcourent avec une effrayante rapidité.

« Il résulte de ces faits que le lit des cours d'eau est toujours fort au dessous du niveau des plaines et que, dès lors, au lieu de les fertiliser et de les enrichir, ils peuvent à peine, par la difficulté de leurs bords et par l'escarpement de leurs rives, servir à désaltérer les populations et à abreuver les troupeaux.

« Un seul remède se présente à ce grand mal, c'est d'arrêter les eaux des rivières à leur sortie des montagnes par un barrage qui, les élevant au dessus des berges, les force à se déverser dans les plaines. La valeur du barrage est parfaitement, et depuis de longues années, connue en Afrique, où, à chaque pas, on en rencontre des traces.

« La province d'Oran en a possédé deux immenses;

celui du Sig qui ne laisse plus que des ruines et celui de la Mina qui subsiste encore et qu'il a été facile de réparer. Le barrage du Sig a été fait et refait à trois époques différentes, et parfaitement distinctes par les traces qu'il a laissées.............

« Le Sig prend sa source dans la plaine qui fait solution de continuité à la chaîne de montagnes qui court de Mascara à Tlemcen, il se dirige du sud au nord, avec une légère inflexion à l'est, sous les noms de *Oued Mekera*, *Oued Mottoah*, *Oued Sig* : après avoir parcouru les tribus des *Beni-Amers* et des *Ouled-Soliman*, il entre dans le territoire des *Garabas*, traverse la plaine à laquelle il donne son nom et se joint à l'*Habra* pour former *la Macta*, qui n'a qu'environ douze kilomètres de cours, avant de se jeter dans la mer, au Port-aux-Poules. Le parcours du Sig est de deux cents kilomètres de sa source à son entrée dans la plaine de ce nom. Son lit a une pente extrêmement rapide dans les montagnes, d'où il suit que la vitesse de ses eaux est toujours très considérable, et qu'elles conservent pendant toute l'année une fraîcheur qui leur est tout à fait particulière.

« Quant à son débit, il est extrêmement difficile de l'apprécier moyennement avec quelqu'exactitude : il dépend uniquement de la quantité des eaux pluviales que l'hiver a répandues sur les terrains qui s'inclinent vers lui ; et s'il est vrai de dire qu'il en est de même pour toutes les rivières d'Afrique, il faut toutefois convenir qu'il n'en est point qui présente des variations aussi fortes.

« Pour en donner une idée, il suffira de faire observer que, depuis son entrée dans la plaine du Sig jusqu'à son confluent avec l'Habra, le parcours du Sig est de vingt-huit kilomètres environ ; que le lit qu'il s'y est creusé a moyennement soixante mètres de largeur sur dix de profondeur, et que, suivant les traditions du pays, d'après les anciens de la tribu des Garabas, on l'a souvent vu couler à pleins bords et même se répandre dans la plaine : d'autres habitants du pays rient quand on leur dit cela, et prétendent qu'il ne s'élève jamais à plus de cinq ou six mètres dans son lit, ce qui paraît plus vraisemblable, d'après l'inspection des berges, et malgré que les crues du Sig aient une réputation proverbiale dans le pays. Quoiqu'il en soit, les inondations de la plaine ne peuvent être nullement à craindre.

« A l'entrée de la plaine, qui se trouve *au dessus* du barrage, le niveau des eaux se trouve plus constant précisément à cause du défilé du barrage. Leur section est de quarante-cinq mètres de largeur sur cinq mètres de hauteur, et il n'y aurait pas, en été même, une diminution bien sensible dans la hauteur, si les riverains (les indigènes) n'en détournaient une partie pour l'irrigation de leurs terres...........

« Nous pensons qu'on ne peut pas assigner au Sig, pendant ses crues, un débit déterminé, mais qu'en temps ordinaire on peut admettre, sans s'exposer à une erreur sensible, qu'il est de quatre mètres cubes par seconde, c'est-à-dire trois cent quarante-cinq mille six cents mètres cubes en vingt-quatre heures.

« Le point où ce fleuve quitte les montagnes pour pénétrer dans la plaine est extrêmement remarquable. Après avoir parcouru une vallée de cent mètres environ de largeur des deux côtés, le Sig tourne brusquement au nord et se trouve tout à coup resserré entre deux rochers séparés l'un de l'autre, par un intervalle moyen de trente à trente-cinq mètres sur une largeur de cinquante mètres, sans qu'il lui soit possible d'éviter ce défilé. Ce point est bien, ainsi que l'appellent les Arabes, *la porte des eaux de la plaine*. Et c'est bien le point naturel du barrage, ainsi que tous les maîtres du pays l'y ont toujours établi...........

« Nous ne saurions affirmer, toutefois, si les trois barrages, dont nous avons parlé sont les seuls qui aient été construits en ce point.

« Il est certain que la plaine du Sig et le point du barrage en particulier avaient fixé l'attention des Romains, de ce peuple éminemment organisateur et si habile à augmenter par des travaux d'art les richesses du sol conquis par ses armes.

« Il existe, dans le voisinage du barrage, sur le flanc de cette montagne, aujourd'hui sillonnée par nos mines, des ruines romaines considérables ; nos explorations les ont reconnues pour celles de l'antique Quiza, ville mauritaine qui devint romaine, et fut érigée en municipe sous le règne de Juba II, avant-dernier souverain indigène de ces contrées. Quiza, au Ve siècle de l'ère chrétienne, comptait au nombre des évêchés de la Mauritanie césarienne et resta romaine, au moins par ses mœurs, jusqu'à la fin du VIIe siècle, époque de l'invasion des Arabes, ainsi que le démontrent les pierres tumulaires trouvées dans les ruines des anciens barrages.......

« Enfin, tout nous porte à croire que le Sig n'est autre que le *Flumen signum* révéré par les anciens comme une divinité. Une inscription trouvée en aval, à une lieue du barrage, au pont construit par l'artillerie, permet encore de lire ces mots :

Genio fluminis, numini coloniæ sacrum.

« Tous ces débris ne seraient-ils pas à leur tour les débris d'un ancien barrage, construit par les anciens habitants de Quiza, à l'époque où cette ville indigène, comme son nom l'indique, se colora des institutions et des mœurs romaines ?

« Qu'on nous pardonne cette digression empruntée à
de savantes recherches, mais nous aimons à retrouver le
principe d'une idée bienfaisante dans les temps les plus
reculés, à la suivre à travers les siècles de barbarie et à
la voir se perpétuer jusqu'à nous sans altération : magnifique consécration que le temps accorde bien rarement, et
qui nous donnera à nous, ouvriers du grand travail qu'elle
entraîne, la double jouissance d'un devoir accompli et de
la coopération à une grande œuvre de civilisation digne
d'une grande nation.

« Le dernier barrage construit sous le bey Mahomed,
que les Arabes ont surnommé Le Grand pour ce fait, ne
remonte qu'à environ cinquante-quatre ans ; ce barrage n'a
existé que douze ans. Cependant, il était bien construit,
bien entendu en général ; les matériaux étaient bons,
quoiqu'il n'ait été employé à sa construction que des cailloux roulés, au lieu de pierres de taille et de moellons,
que les Arabes trouvaient trop difficiles à travailler ; les
énormes blocs qui en restent et la dureté du béton prouvent que ce n'est pas à la qualité des matériaux employés
que la prompte destruction du barrage est due, mais à
ce que la maçonnerie ayant été tout bonnement posée
sur le lit du fleuve, sans fondations, il s'est fait immédiatement des affouillements ; les eaux ont, dans leur chûte,
creusé et déchaussé le pied de la maçonnerie qui a dû
céder. De simples enrochements auraient préservé cet
ouvrage de la destruction.

« Pour l'exécution de ces travaux, le bey Mahomed-
le-Grand était venu en personne poser sa tente au milieu
des travailleurs ; toutes les tribus, de quinze à vingt lieues
à la ronde, étaient venues en masse travailler à l'érection
de ce monument gigantesque, pour ces populations pri-
vées de nos puissants moyens. Ces populations attachaient
une très grande valeur à cet ouvrage qu'elles regardaient

comme devant être une source de richesses pour toute la contrée.

« Ces faits prouvent assez qu'on peut fixer l'Arabe au sol par le bien-être et la richesse auxquels il est loin d'être insensible, on pourrait dire même auxquels il est très sensible, en voyant avec quelle émotion il parle du chef qui avait fait construire le barrage, et combien il regrette ce temps où tout venait à profusion dans la plaine. « Oh ! oui, disait le vieux caïd aveugle de la tribu des « Garabas, quand le barrage a été construit, on a vu les « maisons s'élever tout à l'entour des canaux, si bien « qu'un coq s'étant échappé près de la *porte des eaux*, fut « poursuivi et se sauva de *terrasse en terrasse jusqu'au ma-* « *rabout de Sidi Abd-el-Kader* (Voyez les cartes). » Les indigènes vous montrent sur cette plaine, aujourd'hui desséchée et presqu'inculte, l'emplacement des bois d'orangers, d'oliviers, etc., qui la couvraient.

« Il s'agit de rendre aujourd'hui à cette plaine immense je principe de fécondité qu'elle a perdu et d'en faire le grenier de la ville d'Oran ; il s'agit de rendre non seulement aux tribus arabes une prospérité si vivace dans leurs souvenirs ; mais il faut encore créer sur ce point, milieu de la route de Mascara à Oran et à Arzeu, un centre de population européenne. Déjà sur la foi du barrage de nombreuses concessions sont demandées.

« Il n'est point d'établissement agricole qui se présente sous de meilleurs auspices.

« Du reste, il est impossible de se trouver dans de plus heureuses conditions pour faire un grand travail. La *pierre de taille dure et tendre*, le *moellon*, la *pierre à chaux*, les *sables* de plusieurs espèces, des bans d'argile à faire la *pouzzolane*, etc., se trouvent sur les lieux, ainsi que le *bois* pour cuire la chaux et la pouzzolane. »

« Comme je l'ai dit plus haut, ajoute M. Gautier, dans

sa correspondance, tout ce qui précède est extrait d'un rapport officiel de M. de Vauban, chef du génie de la province, qu'il aurait été trop long de copier entièrement. Entre autres choses, M. de Vauban démontre combien il sera facile de construire le nouveau barrage, de manière à ce qu'il ne soit attaquable, ni par les eaux, ni par le temps, ni par les hommes.

« Le barrage, aujourd'hui achevé, ne laisse rien à désirer. Sa construction, ses dimensions et les matériaux employés sont tels qu'il doit braver les effets des plus énormes crues, les injures du temps et toute espèce de malveillance de la part de l'homme. Ce travail monumental a coûté 170,000 francs. On travaille maintenant aux canaux d'irrigation. Celui de la rive gauche est commencé. et celui de la rive droite, où sont portés tous les efforts, a déjà plus de sept kilomètres de longueur. L'officier du génie, chargé de ces travaux, assure qu'avant six mois le canal de la rive droite aura de seize à vingt kilomètres de développement, c'est-à-dire qu'il sera terminé.

« Je vous ai dit que le Sig débitait quatre-vingt-six mille mètres cubes d'eau par vingt-quatre heures dans les plus basses eaux. Pendant les six premiers mois de l'année, il en donne plus qu'on ne peut desirer. Une commune comme serait la nôtre n'aurait pas besoin de toute cette eau pour arroser son territoire ; cependant, il nous en faudrait beaucoup pendant trois ou quatre ans pour faire pousser promptement et vigoureusement toutes les plantations, et comme il y a sur toute l'étendue de la plaine, une énorme profondeur de terre, ce qui permettrait de planter les arbres un peu profond, de les faire raciner loin de la surface du sol, et dans des couches toujours humides, les arbres ne demanderont plus d'eau après quelques années, et à leur tour, ils ombrageront les légumes et les plantes de toutes espèces, les préserveront des ardeurs du soleil et dispenseront par là d'arroser bien des cultures pour lesquelles les rosées si abondantes dans ce pays suffiront largement. »

Pour terminer ce qui a rapport au barrage du Sig, et aux avantages que la culture de la plaine doit en retirer, nous allons reproduire un article de l'*Echo d'Oran*, à la date du 28 février de cette année, où l'on rend compte de l'inauguration solennelle de ce barrage par le général de la Moricière.

« Tous ceux qui suivent avec quelque intérêt le pays dans ses progrès, savent que, depuis deux ans environ, des travaux importants pour le barrage du Sig ont été exécutés sous la direction du génie militaire et n'ignorent pas que leur objet est l'irrigation de la magnifique plaine que cette rivière parcourt, et, bien que l'exécution de ces travaux ne fût qu'une question de temps, ils n'apprendront pas, sans un vif intérêt, que ce temps est révolu, et que définitivement l'ancien lit de la rivière, ravin profond, immense, mais dans lequel les eaux étaient frappées de stérilité, vient d'en être enfin dépossédé. Voilà une véritable conquête, un grand fait agricole accompli.

« Quelque importante que soit la nouvelle que nous donnons, il est difficile d'en comprendre toute la portée, sans avoir visité les lieux. Car les travaux faits, bien que d'une certaine valeur par eux-mêmes, grandissent par les résultats obtenus. Nous avons visité cette localité, et, à la vue du barrage, à l'aspect de cette plaine immense qu'il est destiné à féconder, nous avons calculé et pris acte des promesses que proclament ces travaux. Rentré le 19 au camp du Sig, après cette intéressante promenade, nous n'avons pas été peu surpris, vers les deux heures de l'après-midi, de voir arriver M. le lieutant-général de la Moricière, escorté de son état-major et d'une troupe assez nombreuse d'indigènes. Il arrivait de Mascara. Cette visite inattendue avait-elle pour but l'inauguration du Sig dans ses nouveaux canaux? les travaux ont-ils été terminés juste au moment de cette arrivée imprévue? ou bien la présence du général a-t-elle fait disparaître tous les obstacles? nous l'ignorons.

« Quoiqu'il en soit, le lundi 20 février, à six heures du matin, les canonniers étaient à leurs pièces, la petite garnison sous les armes, les vannes avaient été baissées et les eaux ont fait leur entrée dans les rigoles d'irrigation. Là a commencé une fête que nous appellerons la fête du Sig, véritable fête en effet, dans laquelle un plus grand concours de population aurait bien trouvé un digne et véritable sujet d'allégresse.

« Un mot sur le programme :

« .Le Sig a été reçu dans son nouveau lit par M. le lieutenant-général de la Moricière et dix coups de canon ont annoncé son entrée triomphale dans ses nouveaux états. Le général accompagnait sa marche avec tous les égards dûs à un nouveau souverain : une foule d'Arabes suivaient, accompagnés d'une musique assourdissante ; émerveillés de ce qu'ils regardaient comme un prodige, ils se jetaient dans les rigoles, enlevant les herbes et les pierres, couraient en avant et saluaient l'arrivée des eaux par des salves de mousqueterie. Cette fantasia d'un genre tout nouveau n'a pas duré moins de deux heures.

« En résumé, cherchant à ne rien grandir au de là des proportions de la vérité, si le volume d'eau que nous avons vu le jour de la fête est régulier et permanent, le bienfait rendu à cette contrée est incalculable, n'aurait-il pour résultat que d'arroser 5 ou 6,000 hectares de cette féconde plaine. Pour le premier jour, on a obtenu un résultat qu'il n'est pas sans importance de signaler ; c'est que l'apparition des eaux a calmé les justes impatiences des colons et, ce qui est mieux encore, vaincu l'incrédulité des indigènes qui n'ont cru au SILLON D'OR, qu'en le voyant couler. C'est ainsi, en effet, que l'ont nommé les Arabes dans leur langage pittoresque. Il est difficile de trouver une comparaison plus poétique à la fois et plus matériellement vraie; pour être exacte il ne lui manque rien, car les eaux chargées du limon des canaux nouvellement tracés avaient la teinte du précieux métal. — Un chef arabe avait parié à un officier quatre moutons contre cent tasses de café, que l'eau n'arriverait pas dans les rigoles d'irrigation ; il s'est exécuté de bonne grâce, en déclarant qu'il était satisfait d'avoir perdu. — Un des anciens du pays disait, à côté de nous, qu'il espérait bientôt revoir la plaine du Sig, comme il l'avait connue, il y a bien longtemps : toute dorée par ses moissons, toute argentée par ses champs de coton, toute verte par ses bosquets d'orangers et de citronniers,

— et en désignant de la main le village auquel on a donné le nom de St-Denis du Sig, — il disait : *ce village est la Blidah de la province d'Oran.* »

Le même journal disait quelques jours plus tard en parlant du Sig:

« Il est facile d'apprécier l'avenir qni est réservé à un centre agricole, placé dans des conditions aussi favorables. — *Toutes les cultures sont possibles durant toute l'année.* — Ajoutons que le sol est d'une fertilité rare, et l'on comprendra que la plaine du Sig égalera un jour la vallée du Nil, par le mérite de ses productions. Les plaines de l'Habra, de l'Illil et de la Mina, qui font suite à celle du Sig, ne le lui cèdent en rien.

« Ce bassin immense sera un jour le plus riche de l'univers. »

D'après tout ce qui précède, il est impossible de mettre en doute la fertilité de la plaine du Sig et les avantages de l'irrigation que permettra le barrage. La Société ayant envoyé sur les lieux, au mois d'avril dernier, un agronome à même de juger les choses en homme de pratique, a reçu avec plaisir la confirmation des renseignements favorables déjà obtenus, et sans reproduire toute la correspondance de M. Reverchon, nous empruntons à une de ses lettres seulement les lignes suivantes : « La plaine du Sig, considérée dans son ensemble, est ce que j'ai vu de plus beau jusqu'à ce jour, sous le rapport de l'agriculture. Il faut absolument la voir pour s'en faire une idée. Je m'attendais à des excavations dans le sol qui rendraient des remblais nécessaires pour les irrigations ; rien de tout cela. Supprimez les buissons placés de distance en distance, et vous aurez un terrain parfaitement semblable à un tapis de billard (comparaison rigoureuse). La pente est suffisante, mais imperceptible, et pour achever la description, c'est une terre d'alluvion, riche à l'excès, ayant en minimum un mètre, et le plus souvent trois à quatre mètres de profondeur. Je ne crois pas l'engrais nécessaire d'ici à trois ans. Le défrichement sera peu de chose, et le bois compensera le travail, c'est l'avis des colons que j'ai consultés..... Les montagnes qui environnent le territoire demandé par l'Union agricole peuvent être entièrement employées pour la culture arborescente ; elles sont loin d'être dénudées comme beaucoup de nos montagnes de France ; elles sont couvertes d'une belle végétation de plus d'un mètre de hauteur de plantes et arbrisseaux aromatiques. Le rocher n'est pas formé de bancs compacts, mais de fragments bouleversés en quelque sorte comme des débris de maisons. Il en résulte que les racines des arbres pourront s'introduire dans les interstices et y trouver leur nourriture, etc. »

Enfin, la plaine du Sig présente des conditions non moins favorables au point de vue de la salubrité. L'état sanitaire du camp de Saint-Denis, établi depuis plusieurs années, et des colons déjà fixés dans le village de ce nom, n'a rien laissé à desirer. Il n'y a aucun rapprochement à faire sous ce rapport entre la plaine du Sig et celle de la Métidja. La configuration de la première se prêtera facilement à une distribution des eaux capable de fertiliser le sol, sans altérer la pureté de l'air, en créant des marécages et des foyers d'émanations miasmatiques.

DÉMARCHES FAITES JUSQU'A CE JOUR POUR L'OBTENTION

DE LA CONCESSION.

Après une exploration faite par M. le capitaine Gautier des terrains à concéder dans la province d'Alger, une demande fut adressée le 1er octobre 1845 à Son Excellence le Ministre de la guerre. Cette demande fut suivie, le 5 novembre, d'une réponse de M. le Ministre au comité d'organisation de la Société, annonçant qu'il avait pris en considération les propositions qu'il lui faisait, et qu'il encouragerait, par tous les moyens possibles, un projet de colonisation qu'il qualifiait d'*utile au pays*.

Le 31 décembre, l'acte de société et les statuts furent définitivement arrêtés dans leur teneur et signés par les trente-trois fondateurs, en l'étude de Me Duchamp, notaire à Lyon.

Le 6 janvier 1846, une nouvelle demande fut adressée à M. le Ministre de la guerre avec les statuts et une exposition sommaire du plan que la Société se proposait de suivre pour l'établissement d'un village en Algérie.

Le 6 février, une troisième lettre fut écrite à M. le Ministre de la guerre pour lui exposer que le terrain de Chaïba-el-Fokani, dont on avait précédemment sollicité la concession, ayant cessé d'appartenir au domaine, la

Société, après avoir fait explorer la province d'Oran, priait M. le Ministre de mettre à sa disposition une portion de la plaine du Sig. La Société priait en même temps M. le Ministre d'accorder à son représentant et futur directeur, M. le capitaine d'artillerie Gautier, attaché à la province d'Oran, l'autorisation de se rendre à Paris pour donner toutes les explications nécessaires sur ses projets de colonisation. Cette autorisation fut accordée.

Avant le départ d'Oran de M. Gautier et à sa demande, la Commission consultative de la province ayant été saisie des projets et statuts de l'Union agricole, avait déclaré, à l'unanimité de ses membres, que cette entreprise devait avoir des conséquences heureuses pour l'Algérie et particulièrement pour la province d'Oran. Le procès-verbal de cette séance avait été adressé à M. le Ministre de la guerre.

Le 22 février, M. le lieutenant-général de la Moricière qui s'était, depuis plusieurs mois, sérieusement occupé des projets de l'Union agricole, et qui avait fait étudier nos statuts d'une manière approfondie, écrivit à M. le Ministre de la guerre ainsi qu'à M. le général de la Rue, directeur des affaires de l'Algérie au ministère de la guerre, pour faire connaître toute l'importance qu'il attachait à notre entreprise, et son desir de voir le gouvernement mettre la Société à même d'établir son village dans la plaine du Sig. Le général de la Moricière entrait dans de grands détails pour démontrer la valeur d'un système facile à appliquer, quoique de conception nouvelle, et dont le succès, une fois réalisé, devait entraîner le mouvement de la colonisation dans une voie aussi sûre que rapide et féconde dans ses résultats.

Si l'autorité du général de la Moricière et la délibération de la Commission consultative de la province où siégent les notabilités militaires et civiles d'Oran, ainsi

que plusieurs membres du haut commerce, démontrent
déjà hautement l'importance que l'entreprise de l'UNION
AGRICOLE dans les plaines du Sig doit avoir pour ce pays,
nous dirons encore que les habitants d'Oran n'ont pas
moins bien compris la portée de cet établissement au point
de vue des intérêts particuliers, et qu'un grand nombre
d'entre eux se sont empressés d'offrir leur concours à
l'UNION AGRICOLE. Déjà la Société a près de deux cents actions placées à Oran, et, parmi ces actionnaires, figurent
des fonctionnaires publics, des membres de la Chambre
du commerce et plusieurs notables négociants et propriétaires.

Enfin, un fait non moins intéressant et dont la valeur a
été bien comprise par un des organes les plus avancés de
la presse parisienne, c'est que plusieurs chefs arabes,
dont quelques uns appartiennent à la tribu des Garabas,
dans le voisinage de laquelle la colonie va s'établir,
l'Agha des Douairs, le Cadi et le Muphti d'Oran se sont
engagés comme *souscripteurs d'actions* dans l'UNION
AGRICOLE. Il faut bien reconnaître, comme l'a dit le journal auquel nous venons de faire allusion, que le principe
de l'association qui existe déjà à l'état vague et confus
dans le système de la propriété territoriale des tribus, est
susceptible d'être accepté et compris par les hommes de
la race arabe, et que ce principe, développé et fécondé
par de bonnes institutions, offre le véritable et le seul procédé d'engrenage et d'union des races sur la terre africaine. Le seul fait de l'accession des chefs arabes comme
actionnaires à l'UNION AGRICOLE, donnera à l'établissement un caractère mixte, un caractère Franco-Africain ;
et, comme l'association de l'UNION ne sera pas exclusivement capitaliste, il est permis d'espérer que la colonie
pourra montrer plus tard un certain nombre de travailleurs arabes associés aux familles européennes. L'exem-

ple d'une semblable alliance et le succés de l'Union auraient, au point de vue de la colonisation et de la question africaine, une importance capitale et décisive.

Telle était la situation des affaires lorsque le capitaine
Gautier, arrivé à Paris vers la fin du mois de mars, eut
l'honneur d'être admis à développer les projets de l'Union
Agricole, dont il était lui-même le premier fondateur,
dans les bureaux du ministère de la guerre. Accueilli avec
bienveillance par MM. les fonctionnaires attachés aux
bureaux de la colonisation, bientôt après par M. le général de la Rue, Directeur des affaires de l'Algérie, par M.
Moline de Saint-Yon, ministre de la guerre, et enfin par le
Maréchal Duc de Dalmatie, président du conseil, M. le
capitaine Gautier, à la suite des nombreuses audiences
qu'il eut l'honneur d'obtenir, fut assez heureux pour voir
le projet qu'il présentait devenir l'objet d'un intérêt sérieux
et sans cesse croissant. La commission du budget chargée
de l'examen des crédits pour l'Algérie lui fit aussi l'honneur de l'appeler dans son sein pour entendre de sa bouche
l'exposition du plan de l'Union Agricole. Là encore des
hommes d'une haute intelligence parmi lesquels nous ne
nommerons que MM. Dufaure, Saunac, de Tocque-
ville, Lanjuinais firent l'accueil le plus flatteur à l'idée
qui leur était soumise et à l'homme qui représentait si hono-
rablement notre Société. Enfin, sans parler du concours
et de l'appui que nous avons trouvés chez d'autres personnages des plus haut placés et des plus illustres dont la
France s'honore, disons qu'un assentiment si unanime
venait glorieusement confirmer la légitimité de nos espérances. Dès lors. les conditions de la concession furent arrêtées entre M. le ministre de la guerre et M. le capitaine
Gautier ; et, le 22 avril, M. le ministre transmettait le
dossier de cette affaire à M. le gouverneur-général de
l'Algérie, en le priant de la faire instruire promptement

avec un soin tout particulier. Accueillie à Alger avec la même faveur qu'à Paris, notre demande a été communiquée aux autorités administratives de la province d'Oran, qui déjà ont procédé à la délimitation du terrain à concéder, et renvoyé leur avis motivé à **M.** le gouverneur-général. Nous ne doutons plus aujourd'hui que l'avis définitif du maréchal duc d'Isly, ne nous soit également favorable, et que la concession ne nous soit officiellement faite par ordonnance royale d'ici à quelques semaines.

C'est dans la prévision de cette issue prochaine et assurée, que la Société a demandé et obtenu de **M.** le ministre de la guerre et du Commandant de la province d'Oran, l'autorisation d'établir, par avance, sur le terrain qui doit être concédé, une ferme destinée à préparer l'installation, dès le mois d'octobre prochain, d'un premier essaim de cent à cent cinquante colons, qui pourront ensemencer aussitôt environ deux cent cinquante à trois cents hectares en céréales. L'établissement de cette ferme aura avancé de près d'une année la réalisation de l'entreprise entière.

A tant de preuves de l'intérêt général qu'a déjà excité notre entreprise, nous pouvons ajouter un fait qui vient démontrer plus fortement encore l'importance majeure attachée par le gouvernement à la réalisation de nos projets, et nous assurer de son bienveillant patronage. **M.** le ministre de la guerre, considérant combien la direction de la colonie, si elle était confiée à un officier de l'armée, aurait à gagner à l'esprit d'ordre et de conduite, à la puissance morale, et au prestige du grade qui sont, en général, l'apanage de l'autorité militaire, et entrant à cet égard dans les vues de la Société qui ne pouvait mieux faire que de mettre **M.** le capitaine Gautier à la tête de ses affaires ; **M.** le ministre, disons-nous, a arrête, par décision du 30 avril dernier, que **M.** Gautier serait mis, en son grade, à la disposition de **M.** le gouverneur-général de l'Algérie, et chargé, en cette qualité, de concourir à l'accomplissement des projets pour lesquels l'association de l'UNION AGRICOLE s'est formée. Ainsi, **M.** Gautier attaché, comme capitaine d'artillerie, au service spécial de la colonisation , pourra et peut dès aujourd'hui remplir ses fonctions de Directeur de l'UNION AGRICOLE, dans lesquelles il est installé depuis le 1er juin , pour conduire les grands préparatifs de l'installation de cent ou cent cinquante colons au mois d'octobre prochain. D'ailleurs , en cumulant ces deux titres, notre Directeur n'en sera pas moins exclusivement attaché à la direction de notre colonie du Sig, et ses rapports avec l'autorité militaire supérieure, loin de nuire à son indépendance dans l'exercice de ses fonctions, ne serviront qu'à mettre en relief les intentions protectrices du gouvernement à notre égard.

CONCLUSION.

Telles sont, dans leur ensemble, les diverses conditions
dans lesquelles la Société de l'Union agricole se présente
pour faire appel à tous ceux de nos concitoyens qui, comprenant l'importance réservée dans un prochain avenir à
nos possessions d'Afrique, sont désireux de contribuer par
leur concours en argent ou en travail, au progrès de la civilisation dans une terre qui *est et doit rester française.*
Que les hommes sérieux examinent si notre système ne
répond pas à la plupart des exigences, si le travail et
le capital n'y trouvent pas les garanties que doivent
leur assurer leurs droits respectifs et les principes de l'é-
quité; qu'on tienne compte surtout des résultats déplorables de la plupart des tentatives de colonisation qui ont
été faites depuis quinze ans, qu'on en étudie les causes et
qu'on voie si notre projet, qui diffère si radicalement des
moyens employés jusqu'à ce jour, ne présente pas infiniment plus de chances de succès; qu'on se demande si la

plaine du Sig, sur laquelle le gouvernement a les yeux fixés, et pour laquelle on élabore en ce moment un immense projet de colonisation proposé par le général de la Moricière, dans le but d'établir, dans l'espace de deux ou trois ans, vingt mille colons dans le grand triangle, dont le Sig forme le centre, et Oran, Mostaganem et Mascara les extrémités, si cette plaine, disons-nous, n'est pas, au triple point de vue de la sécurité, de la salubrité et de la fertilité, la plus favorable de toutes les localités de l'Algérie. Enfin, qu'on nous permette, à nous fondateurs de l'Union agricole, moins guidés par des vues d'intérêt et de spéculation, qu'animés du profond desir d'accomplir une œuvre belle et utile à la patrie, de convier tous les hommes de bon vouloir et de progrès à s'associer à nos efforts. Puisse bientôt la France entière se passionner pour les conquêtes pacifiques ! puisse-t-elle donner expansion à son génie civilisateur et s'élancer vers ces beaux rivages transméditerranéens que Dieu a placés à deux journées de nos plus grands ports de guerre et de commerce, et providentiellement fait tomber en notre puissance ! Allons implanter sur le sol algérien une population nombreuse qui, par l'agriculture, l'industrie et le commerce puisse y créer d'abord les ressources qui manquent à notre armée, et puis les richesses qui doivent assurer le bonheur de la colonie, en même temps qu'indemniser de ses généreux sacrifices la mère-patrie, qui aura prodigué l'or et le sang de ses enfants pour l'accomplissement des destinées du monde.

FIN.

ERRATUM.

—

Il s'est glissé une erreur importante dans nos calculs des dépenses de construction à la page 61, ligne 19, où il est dit que les porcheries pour *trois mille* cochons coûteront 10,000 francs ; c'est *mille à douze cents* cochons qu'il fallait dire au lieu de *trois mille*, et *trois ou quatre mille* francs au lieu de *dix*. Cette erreur en a nécessairement entraîné d'autres dans les additions ; mais, sur la somme totale des évaluations, ce n'est, en définitive, qu'une différence minime qui n'altère en rien les conséquences à tirer de nos calculs.

TABLE DES MATIERES.

FIN DE LA TABLE.

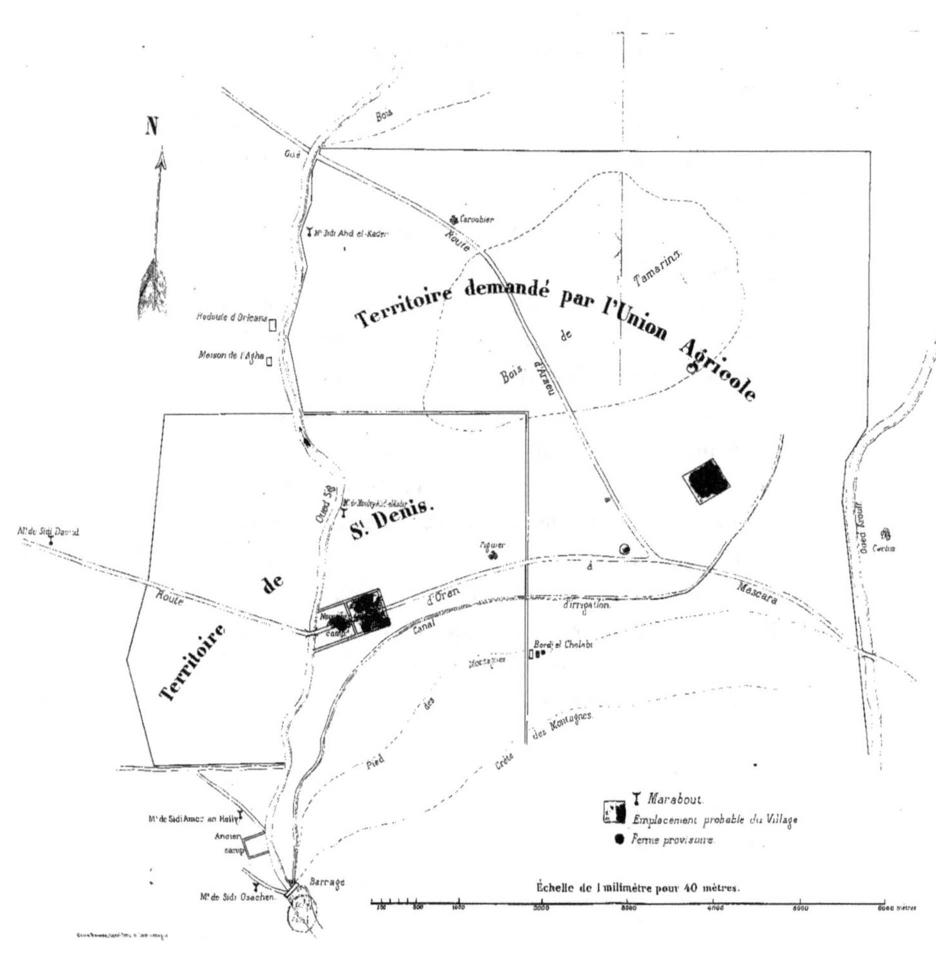

N
Bois
Gué
Caroubier
Mᵗ Sidi Abd el-Kader
Territoire demandé par l'Union Agricole
de
Tamarins
Redoute d'Orléans
Bois d'Arzeu
Maison de l'Agha
Oued Sig
Mᵗ de Bouty Abd-ellah
St. Denis.
Mᵗ de Sidi Daoud
Figuier
Territoire
de
Route
d'Oran
Canal
d'irrigation
Mascara
Oued Kralfi
Cactus
Bordj el Cheikh
Montagnes
Pied
des
Crête des Montagnes
Mᵗ de Sidi Amar an Hally
Ancien
camp
Barrage
Mᵗ de Sidi Osachen.
Marabout.
Emplacement probable du Village
Ferme provisoire.
Échelle de 1 millimètre pour 40 mètres.
100   500   1000   2000   3000   4000   5000   6000 mètres

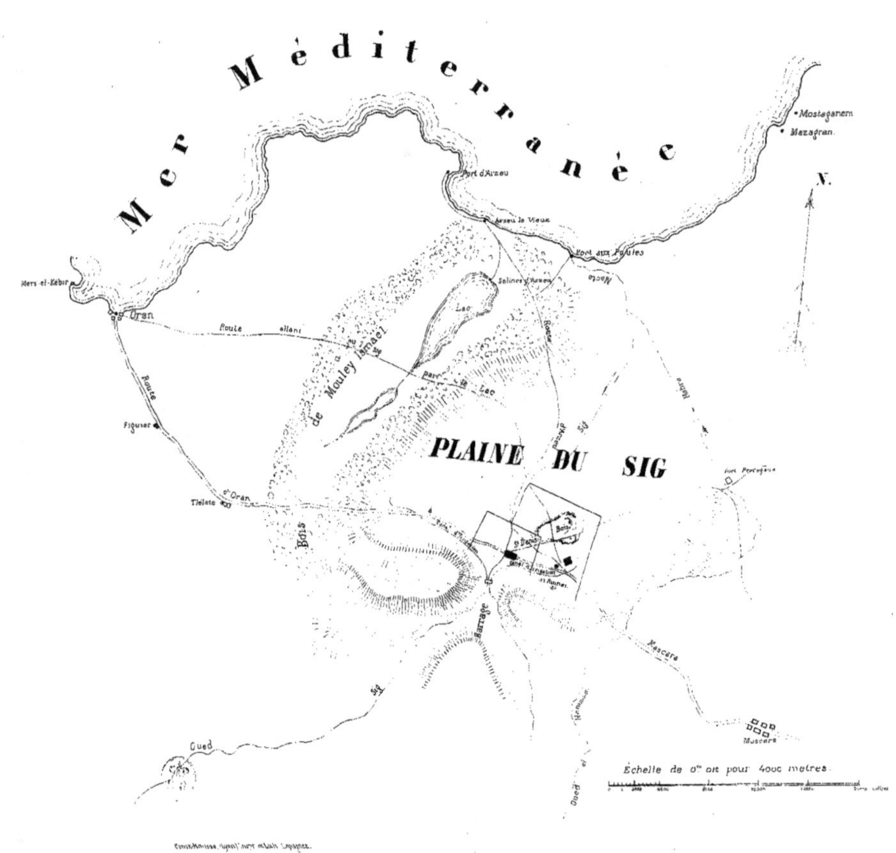

Mer Méditerranée
Mostaganem
Mazagran
N.
Port d'Arzeu
Arzeu le Vieux
Port aux Poules
Salines d'Arzeu
Mers-el-Kébir
Oran
Lac
Route allant
à la
de Mouley Ismael
Parc de la Lac
Figuier
PLAINE DU SIG
Fort Portugais
d'Oran
Tlélata
Bois
Bois
Mascara
Barrage
Sig
Mascara
Oued
Oued el
Échelle de 0ᵐ,01 pour 400 mètres.

www.ingramcontent.com/pod-product-compliance
Lightning Source LLC
LaVergne TN
LVHW052027060726
842528LV00002B/660